全球数据冲击

信息过载时代的
战略模糊、欺骗与意外

[美] 罗伯特·曼德尔 著
黄欣荣 张魏欣 译

Robert Mandel

GLOBAL DATA SHOCK:

Strategic Ambiguity, Deception, and Surprise in an Age of Information Overload

中国工人出版社

信息过载

信息的丰裕造成注意力的匮乏。

——赫伯特·A. 西蒙（美国决策理论家）
“信息丰裕世界的组织设计”

这不是信息过载，而是信息筛选故障。

——克莱·舍基（美国互联网专家）
“这不是信息过载，而是信息筛选故障”

在理解和理解能力方面，有一种危险，那就是太多的东西塞进人们的头脑对他们来说和太少一样有害。

——比尔·克林顿（美国前总统）
引自托德·S. 普杜姆，“克林顿计划让公众摆脱‘恐惧’”

模　糊

对知识进步的最大障碍莫过于词语的模糊。

——托马斯·里德（苏格兰哲学家）
《探究与论文集》

接受这个世界充满了不确定性和模糊性，不会也不应该阻止人们对很多事情保持相当的肯定。

——朱利安·巴吉尼（英国哲学家）
“这种不确定性的愚蠢欲望是什么？”

言说就是人用来掩饰其思想的。

——夏尔·莫里斯·德·塔列朗（法国政治家和外交官）
引自贝特朗·贝雷的《贝特朗·贝雷回忆录》第四卷

欺　骗

在战争时刻，真理是如此宝贵，以至于要用谎言来守卫。

——温斯顿·丘吉尔（英国前首相）
《第二次世界大战回忆录》第五卷

尽管在其他活动中的欺骗行为是可憎的，但在战争管理中，欺骗行为是值得称赞和荣光的，通过欺骗战胜对手的人与通过武力战胜对手的人同样值得赞扬。

——尼可罗·马基亚维利（意大利历史学家和政治家）

《论战争艺术》

生活是一门被欺骗的艺术；为了使欺骗能够成功，它必须是习惯性的和不间断的。

——威廉·哈兹里特（英国作家）

《圆桌会议》

意　外

战争首先是希望一个人的境况会更好，其次是期望另一个人的境况会更糟，再次是满足于他没有任何好转，最后是惊讶于每个人的境况都在恶化。

——卡尔·克劳斯（奥地利作家）

《半个真理与一个半真理》

如果可能的话，永远要迷惑、误导和奇袭对手。

——斯通沃尔·杰克逊（美国士兵）

引自约翰·D. 因博登，“谢南多厄的斯通沃尔·杰克逊”

人的改变能力是有限的。当这种能力不堪重负时，结果就是未来的冲击。

——阿尔文·托夫勒（美国未来学家）

《未来的冲击》

目　录

图　表

图

表

致　谢

作为我的第十五本著作，这项研究在思考和写作过程中带给我极大的愉悦感，因为它关注的是许多国家的政府和公民，阐述了处理与过去相比在数量和质量上截然不同的信息时所面临的复杂性。许多人被我们所认为的数据变化的范围和速度淹没，这些数据与我们的生活息息相关，但我们对其既无法快速而正确地解释趋势，也无法区分真假。

我把这本书献给那些以解释对外信息，整理具有模糊性、欺骗性和意外性数据为任务的情报部门，以及致力于寻找更新、更好的方法以便从输入信息中获得有用见解的数据科学界。我非常感谢我的本科生研究助理米凯尔·隆尔根，感谢她在这个项目上的出色工作。我也很欣赏计算机科学家与政府国防和情报官员的想法。但是，对书中发现的任何令人不安的歪曲或惊人的错误，我独自承担全部责任。

导 言

本书的探讨以两个互相交织的全球性难题为中心：

- 信息过载通常如何影响战略上的模糊、欺骗与意外，以及信息过载何时最有可能和最不可能增加战略模糊、欺骗与意外的可能性？
- 战略模糊、欺骗与意外通常如何影响全球安全，这些操纵手段何时对全球安全产生最积极和最消极的影响？

许多政府官员和公民个人得出结论，就数据采集而言，更多的数据总是更有利于决策的合法性和有效性，而对于数据传输而言，完全清晰、透明和可预测性对全球安全总是更好。相比之下，多少有点反直觉的一项调查认为，今天的信息过载常常助长战略上的模糊、欺骗与意外，挑战开明国际主义者对新兴全球信任与合作的期望。越来越多的信息渠道会显著降低信噪比，[1] 削弱对全球情报和安全性挑战的有效管理；如果全球性交流是最可靠和准确的，可能会给外交政策带来灾难性后果。公共信息和交流的前提与当下现实之间的这种脱节导致了全球数据冲击，影响了政府官员和公民个人解释、回应和最终塑造周围世界的能力。在探讨信息过载对战略操纵和全球安全的影响情况，以及在建议管理全球数据冲击的政策时，本书的分析可以对传统的“大数据”分析解决方案的乐观评估进行纠正，并提醒我们，即使有了更多的信息和更好的事实核查和数据评估工具，今天的我们仍然可能与周围的世界失去联系。

分析范围

鉴于信息和交流领域的广度和深度，本书在范围上作了仔细的限定。这项研究考虑了战略模糊、欺骗与意外的发起者和目标的不同视角，因为信息的曲解和操纵是嵌入双向交流中的，对于双方来说要共同承担责任，所以寻找错误或孤立地分析谁是正确的其实是徒劳的。本书探讨了七个相关案例（注：原英文版书中的一些案例被略去）：2017 年美国前总统特朗普的外交安全政策方式；2016 英国“脱欧”投票退出欧盟；2002~2003 年伊拉克未发现大规模杀伤性武器；2011 年福岛核灾难；2007 年以色列袭击叙利亚阿尔基巴尔核电站；2001 年“基地”组织对美国的恐怖袭击；1990 年伊拉克对科威特的袭击。

这项调查的地理范围显然是全球性的，因为信息过载和战略操纵之间的相互作用跨越了国界。本书强调后冷战时期，特别是 21 世纪，互联网时代的信息革命改变了对外数据的解释与操作。这项调查的重点是跨国家的安全问题（即使在国家内部发生操纵行为），因为最关键的解释和操纵成本与收益都是国际性的和安全导向的。最后，这项调查分析集中在蓄意和有预谋的战略操纵应用上，因为这种有计划的使用似乎对改善未来管理有更大的潜力。总的来说，这一综合性的探索旨在全面了解全球数据冲击的原因、后果和治疗方法的复杂网络。

挑战性和独特品质

这本书在以下几个方面既有争议又有独特之处：

- 它对许多开源量化的对外安全数据的可靠性、有效性和可信性提出了挑战。
- 它对始终获取更多信息作为正确的解读形式和正确的制定适当政策手段的积极作用提出了挑战。
- 它对传统的“大数据”分析在处理对外安全信息方面的效用上提出了挑战。
- 它对完全依赖内部专家的偏见和思维定式，并以此作为正确解释传入信息的手段提出了挑战。
- 它对全球安全通信中清晰性、透明度和可预测性的普遍向往提出了挑战。
- 这是第一本考虑了发起者和受害者的观点，将信息过载与战略模糊、欺骗与意外的变化联系起来的著作。
- 这是第一本详细介绍一整套全球信息时代案例研究的著作，展示了有关信息过载和战略操纵作用的新素材。
- 这是第一本全面探讨信息过载最能促进对外战略操纵和全球不安全情况的著作。
- 这是第一本全面提出政策建议，以遏制信息过载和战略操纵的负面安全后果的著作。
- 这是第一本强调信息过载和战略上的模糊、欺骗与意外是公民和政府官员共同关注的关键问题的著作。

本书的独特之处不仅在于对全球数据冲击进行了综合和及时的分析，而且提出了重大且更广泛的安全性问题，包括（1）全球价值分歧，尽管全球化日益加剧，但文化多样性（包括本土主义、仇外心理）的紧张关系依然存在；（2）对外情报的失败，尽管收集了大量数据，但许多安全目标并不能可靠地实现；（3）公众普遍感到沮丧，尽管事先获得了新闻，但许多公民误解了外交安全政策；（4）公民对于自由和隐私的担忧，尽管人权言论增多，但许多人担心个人信息收集已经失控；（5）国际无政府状态，尽管据称全球强化了管制措施和相互尊重，但“强权制胜”行为似乎死灰复燃。

第一章　全球信息过载

通过远程卫星监控，电脑、互联网、24 小时新闻报道、社交媒体和手机，令人目眩的信息洪流每天都在以越来越快的速度轰炸我们。我们正经历着信息过载（information overload）。信息过载这一术语最早是 1970 年由阿尔文·托夫勒（Alvin Toffler）[1] 作为未来趋势加以推广的，其中“信息管理所带来的需求超出了决策系统的能力”，[2] 因为“我们产生的信息远远超过了我们的管理能力，更不用说完全吸收了”。[3] 今天，“人类历史上从未有过如此多的信息提供给如此多的人”；[4] 我们存储的数据量每 18 个月翻一番，[5] 美国人每天获取的数据量是 25 年前的 5 倍。[6]

近几年，数字数据的依赖性急剧上升，加剧了信息过载的现象。政府官员、企业高管和公民不再将数字数据访问和可靠性视为一种奢侈品，而是视为一种基本需求。在当今世界，人们几乎不能容忍任何形式的宕机、延迟或中断访问，并且不断要求立即修复任何中断问题，如果不能立即修复，就会表现出高度的焦虑或愤怒。军事数字数据的依赖变得特别紧密，美国军方的数字技术（包括 15000 个网络和 700 万个计算设备，分布在数十个国家的数百个设施中，雇佣人数超过 90 万）为后勤保障提供便利，其中包括指挥和控制系统、实时提供情报和远程操作。[7] 战争“不再主要取决于谁在战场上投入了最多的资本、劳力和技术，而是取决于谁掌握了战场上最好的信息”。[8] 即使有压倒性的兵力优势，现代军事作战无论是在战场，还是仅靠仪表操作，都需要快速可靠的远程目标数据和战场上多方战略战术的协同配合，这才是必胜之路。因此，准确的数字数据访问已与军事准备、部队力量和先进武器装备一样，成为在战场上取得胜利的关键，而且“信息战常常被认为是21世纪早期冲突的主题”。[9]有分析师调侃说：“如果你想关闭自由世界，你要做的就是不要在大西洋上空发送发射物——你关闭了他们的信息系统，自由世界就会戛然而止。”[10]这种对数字数据的心理加压是非常危险的，会造成巨大的安全漏洞。

全球信息爆炸源于互联网和数字数据技术的迅速发展，加速了人类互动步伐的交通领域和通信领域的最新进展。推动“制度透明化”的进程（比如美国《信息自由法》等立法条文允许外部各方了解过去政府行为的细节）[11]间接地加快了信息过载的速度。这种对透明度的强调，再加上民主制度在全球的传播，有时甚至会影响到敏感的安全问题，如要求披露军备控制协议细节的压力。[12]2016年白宫的一份报告声称，在执法方面，“促进透明度和问责制的措施”尤其能促进“社会团体的信任和公共安全”。[13]这种透明的数据传播通常被认为是普遍需要的，从而使人们能更准确地了解世界，更容易解决危机，甚至可能缓解安全困境（因为在这些情况下参与者对彼此的意图都抱着最坏的想法，小纠纷可能升级为重大冲突）。[14]

对信息爆炸的不同反应

关于信息爆炸究竟是福是祸，人们展开了激烈的辩论。支持者认为，这不断“预示着进入和参与一个新黄金时代”，而怀疑论者则“哀叹一个平庸和自恋的新黑暗时代”。[15]这些相反的观点反映了这样一个现实：“我们在信息上茁壮成长，但我们也可能被它扼杀。”[16]

信息爆炸是一种福音

技术乐观主义者认为，信息爆炸是一个明确的福音。他们认为，“信息的传播速度越来越快，体量越来越大”，“世界各地的人都从这一变化中受益”。[17] 对许多观察者来说，“在我们这个即时信息时代，速度和效率的好处似乎是不折不扣的，它们的可取性毋庸置疑”。[18] 信息获取收益的主张似乎是没有界限的。例如，微软创始人比尔·盖茨（Bill Gates）声称信息高速公路将促进民主，将教育优势传播到最穷的孩子身上，并开创了“一个低摩擦、低开销的资本主义世界……一个购物者的天堂”。[19] 一个相关的普遍说法是“一个几乎自由的信息世界将给所有人带来平等的机会”。[20] 这些所谓的信息爆炸的好处使解决所有问题的方法都围绕着寻找更多的数据展开。

为了应对信息过载的担忧，信息爆炸的倡导者们认为，改进筛选方式可以很容易管理遇到的任何数据过剩的情况。事实上，许多这样的倡导者都断言“信息过载的观点认为信息过多会导致功能障碍是一个荒诞的说法”，因为“当选择集变得庞大或选择任务相对于消费者的时间或技能变得复杂时，消费者倾向于满足最低要求的选项而不是选择优化的”和“相对来说做得好的那个”。[21] 因此，存在这样一种信念：无论出现多少数据，它都会得到妥善的处理。

更多的数据总是更好的，这种乐观的逻辑是基于以下假设：

- 越来越多的信息访问将促进开发更好的信息过滤器，使得信息消费者能够有效地找到他们需要的东西。
- 外交安全政策制定者获得的信息越多，他们的看法就越准确，他们的理解就越平衡，人们就越有信心相信由此产生的外交政策是健全的。
- 外交安全政策制定者掌握的信息越多，对手就越不可能对他们采取含糊不清、欺骗和意外手段（除非其处于不对称的不利地位而陷入绝境）。
- 外交安全政策制定者可获得的信息越多，他们将在国际关系中拥有的权力和影响力就越大。

- 外交盟国获得的信息越多，他们采取支持行动的能力就越大。
- 私人公民获得的信息（来自公共来源和私人来源）越多，政府行动的透明度就越高，他们在外交政策问题上为外交决策者提供的投入就越多。
- 世界上每个人获得的信息越多，每个人就越有机会进步，因为这一途径将打开学习的大门，否则他们就不可能获得这个机会。
- 由于上述假设，以可用的外交国防情报形式寻求更多信息应成为政府安全官员的主要政策重点之一。

信息爆炸是一个祸端

与之形成鲜明对比的是，技术悲观主义者认为信息爆炸是一个祸端。他们认为，信息时代“增加的是判断信息是否相关或者只是随机干扰信息的难度”。[22]“假新闻”的数量正在激增。例如，在2016年美国总统大选期间，公众“受到伪装成记者的骗子的攻击，那些骗子用两面三刀的谎言恶化了谈话”。[23]即使在经验丰富的情报分析员的解释性判断中，掌握大量信息也会产生过度自信，[24]这种问题在与文化差异很大的对手打交道时尤为突出。[25]在这种观点中，“信息就是力量”这一普遍观念可能是“我们这个时代最具诱惑力的神话之一”：

> 说到信息，事实证明一个人可以拥有太多的好东西。在一定的投入水平上，收益递减定律生效；信息的过剩不再提高我们的生活质量，而是开始滋生压力、困惑甚至无知。信息过载威胁着我们的自我教育能力，使我们消费者更加脆弱，使社会更加缺乏凝聚力。[26]

信息过载会成为一个真正的巨大负担，使人们感到“焦虑和无力”，同时降低创造力和生产力。[27]太多的信息和太少的处理时间很容易造成令人身心俱疲的大规模混乱。[28]此外，数字数据的激增也会加剧安全漏洞的出现，“在这个新时代，互联性和分散的计算能力大大增加了对信息的访问和依赖，使信息所在的地方（如数据库、程序和网络）成为对对手来说更具吸引力的目标”。[29]

这种悲观的逻辑（暗示着太多的数据是有问题的）是基于以下前提：

- 人类的信息处理能力跟不上数据访问量的急剧增长。
- 不管多种信息来源的价值有多少，人们越来越难以区分新闻的真假。
- 日渐加剧的数字数据依赖性增加了被对手破坏的脆弱性。
- 对数字数据的尊重可能会助长关于数字揭示客观真相这个毫无根据的观点；或者相互矛盾的信息可能引发宿命论的观点，即全球安全的真理永远不会被发现——“你的真理就是你的真理，我的真理就是我的真理。”
- 更广泛的全球信息访问可能会增加对外安全政策中不希望出现的模糊、欺骗与意外。
- 因为不一致的证据或大众的困惑、压力和无力控制自己命运的感觉，越来越多的信息获取可能会增强外交安全政策制定者对其结论的过度自信或对重要问题的误解。
- 大多数高级外交安全政策制定者期望从更大的信息访问中获得可观的回报，这可能导致精英阶层普遍感到沮丧、不满和失望。
- 越来越多的公众获取信息可能会导致：（1）困惑、压力和无力控制命运的感觉；（2）对政府外交安全政策的成功抱有不切实际的期望；（3）当政策失败时，对变革提出不切实际的要求，导致挫折、怨恨、失望，以及对权威的不信任。

前互联网时代的比较回顾

分析信息爆炸的特殊性在于要求开放式地探索它是否真的深刻改变了数据解释或战略上的模糊、欺骗与意外。为了证明这项研究的论点，即与互联网时代有关的信息过载确实引发了一场重大变革，我们简要探讨一个涉及战略模糊、欺骗与意外的早期著名案例（1973 年赎罪日战争）。虽然这场战争肯定不能代表所有前互联网时代的数据解释或战略操纵，但它至少可以说明什么已经被彻底改变了。

赎罪日战争中的一个关键信息障碍是以色列的不确定性和突然袭击，部分原因是埃及和叙利亚攻击时间的信噪比很低，这些都是对手在最后一刻决定的。[30] 尽管美国中央情报局在 1973 年 5 月底收到了一份可信的报告，称埃及和叙利亚将于 10 月 6 日对以色列发动一场战争，[31] 但埃及方面的欺骗、否认行为和虚假信息掩盖了这一警报。[32] 在互联网时代，尽管监视技术有了巨大的进步，但不可靠的社交媒体、假新闻和模棱两可的对手信息的大量增加，可能会以某种方式恶化信噪比和对即将发生的事情进行准确预处理的可能性。

赎罪日战争中另一个明显的信息障碍是以色列错误地认为，出于对美苏之间当时的平静缓和与互相尊重，苏联会制止阿拉伯国家对以色列的攻击。[33] 当时情况下考虑外界的试图干预，部分原因是冷战时期的两极世界比冷战后的多极世界简单得多。在今天的互联网时代，可能会有更广泛的潜在参与者（包括国家和非国家参与者），使用更广泛的干预技术（包括在现实世界和在数字世界的干预手段）。这一结果将使计算可能的干预变得更加困难（例如，阿拉伯世界的非国家组织针对以色列发动的网络攻击现在已经司空见惯了）。[34]

第三个信息障碍是以色列情报部门在赎罪日战争之前低估了对手埃及和叙利亚的能力。模糊性的增强使这种误解更加严重，因为埃及声称他们的防空导弹维修不足，缺少备件，而且隐瞒了他们的武器库增加新武器的能力，[35] 这给以色列国防军对以色列空中优势的傲慢偏见以支持。[36] 在互联网时代，数字技术为战场上使用假坦克提供了便利，与传统武器的机动性、杀伤力或距离的改进相比，计算机化武器能力的增强更为不明显，也更难通过遥感器发现，“战争迷雾”似乎更为浓重。

这起前互联网时代的案例表明，信息爆炸引发了一场戏剧性的变化，不是形式上的，而是严重程度上的变化，因为今天的数据解释变得更加困难，操作却比以前容易得多。然而，随着时间的推移，某些常量却明显没有发生改变。当时和现在一样，不同的文化价值观导致了误判：说明了“非西方社会往往会在战争中承担比西方标准所认为的合理或有利可图的更大风险”，以色列人不明白“阿拉伯人是如何愿意冒着军事失败的风险来改善他们的政治地位的，但这就是发生了”[37]（埃及人成功地实现了他们所有的操纵目标）。[38]同样地，当时和现在一样，“拥有所有必要数据的决策者未能得出正确的结论”。[39]

大数据的前景与风险分析

鉴于互联网日益重要，大量的数字数据已经出现，我们需要新的评估形式。在传统的印刷媒体（报纸和杂志）和电视节目媒体（广播和电视）中，关于如何解释和评估它们的可信度以及显性或隐性的偏见，已经出现了一个相对清晰的画面。然而，与此同时，由于进入门槛较低以及手机和其他移动计算设备的日益普及，互联网资源（尤其是社交媒体）的影响力已开始与传统的印刷和广播媒体抗衡，甚至使其相形见绌。“伴随着超过 20 亿人数的互联网用户和社交媒体的兴起，我们所处理的信息远远超过了我们的处理能力。”[40]基于互联网的消息来源如野草般疯长，其数量变得如此众多，其管理变化如此之快，以至于信誉、偏见甚至基本的准确度也变得更加难以追踪。对于世界各地的许多人来说，他们的主要新闻机构没有实质可信度监控的信息来源，如 Twitter 和 YouTube。那些适应数字数据的人通常更喜欢短消息、图片和短视频（强调了短期记忆、情感和简单的黑白判断，而不是逻辑的、合格的、基于经验的论据），而不是详细的文本分析。[41] 哥伦比亚广播公司的新闻节目《60 分钟》报道说："一般人都很快就会相信任何以'新闻化'的形式摆在他们面前的东西，所以假新闻成功地欺骗了受过教育的和没有受过教育的人。"[42]

由于大量的监控和传感器，以及强大的数据处理超级计算机所采用的复杂数据分析手段，大量数字信息的日益可用性使《纽约时报》在 2012 年宣布，我们已经进入了"人类事务的新纪元——'大数据时代'"。[43] 计算机化的"大数据分析"（"指的是人们可以在大范围内做一些小范围内做不到的事情，以获取新的见解或创造新的价值形式"[44]）确实可以促进对人类专家以前无法计算的复杂关系的理解突破，并很可能在人类对各种各样的地方、国家和全球趋势及其相互关系的理解上取得重大飞跃。在寻找紧迫而复杂的全球问题的最佳解决方案时，它通过"将数学应用于大量数据，从而推断未来模式的概率"。[45] 大数据分析所需的大量信息来自"巨大的、多样化的、复杂的、纵向的，和（或）由仪器、传感器、互联网交易、电子邮件、视频、点击流生成的分布式数据集，和（或）现在和将来所有其他可用的数字资源"。[46] 推动大数据分析的基本前提是"我们可以从大量的信息中学习到当我们仅仅使用少量数据时无法理解的信息"，[47] 通过复杂的数据分析软件揭示出"完全出乎意料的关联"，从而产生新的见解，改变我们对世界的看法。[48] 这种新的理解似乎导致建设性的社会工程和改善必要服务有着巨大的前景，至少在表面上看来是这样的："当涉及创造经济增长、提供公共服务或作战时，那些能够有效利用大数据的人将比其他人享有更显著的优势。"[49]

大数据分析的乐观主义是基于技术进步这个积极前提的。一种普遍的看法是"现代科学技术确实使我们有理由不仅期望'自信地'作出决定，而且渴望获得'完整、真实、最新'的信息"。[50] 这些期望反过来又建立在"需要是发明之母"的乐观假设上——随着大数据分析技术的进步，无论未来数据解释问题变得多么具有挑战性，或由此产生的对数据的战略性操作有多么复杂，人类的聪明才智都会找到克服这些问题的方法。

然而，大数据分析不可避免地依赖于所收集信息的有效性和可靠性。众所周知的 GIGO 原则（输入的是垃圾，输出的也是垃圾）仍然适用。虽然许多分析者认为，由于收集的大量信息和数据评估算法的公正性，大数据分析是不受偏见影响的，但实际上，即使是完全由数据驱动的分析也可能是有缺陷的，因为收集到的信息可能是不完整的、不正确的或过时的。[51] 当涉及关于对手的情报时，可信度和透明度往往成反比。大数据分析假设：如果数据收集足够全面，任何存在的信息失真都将被通过准确、有效和可靠数据的优势所揭示的总体趋势消除。但在许多情况下，收集到的大部分数据可能是具有误导性的。即使是大数据的支持者也承认，“当我们把（收集到的数据）规模扩大一个数量级时，我们可能不得不放弃干净、精心策划的数据，并容忍一些混乱”，[52] 尽管他们乐观地（甚至可能天真地）认为，“取样误差越小，我们就越可以接受更多的测量误差”。[53] 此外，数据分析算法本身“并非万无一失”，因为“它们依赖于不完美的输入、逻辑、概率和设计它们的人”。[54] 这类算法通常依赖于用于有关隔离关键数据异常时使用的偏差或重要阈值的有争议假设。因此，当且仅当（1）有合理的方法来确定信息的可信度；（2）数据分析算法可以适当地将主要异常与微小波动分离开；（3）数据用户找到正确解释新兴模式的方法，并将其置于恰当的位置时，海量信息的大数据挖掘才是一件真正的好事。如果这三个先决条件中的任何一个没有得到满足，那么对大数据分析结果和建议的信心就会变得危险。因此，在实践中，最近的大数据分析应用常常导致“严重的错误”。[55]

尽管存在这些缺点和局限性，但在全球安全领域，大数据分析已经非常流行。在外交情报机构内部，“在过去十年里，美国中情局和美国国家安全局等机构通过发展专门的分析部门和专注于在线数据分析的开发项目，使大数据制度化”。[56] 然而，正如本章后面的安全信息不可靠性分析所表述的那样，由于广泛的安全数据保密，特别是在敏感的情报问题上，公开提供的信息可能具有误导性，而秘密收集的有关新出现威胁的信息可能具有不确定的可信度。此外，大数据分析系统通常很容易被对手的黑客攻击。在仔细执行的全球情报工作中，确定所收集数据的准确性和相关性可能是一项艰苦的人力密集型任务，这项任务不容易通过任何固定的计算机算法或机器学习系统复制。一般而言，“数据分析算法（主要是机器学习）旨在解决我们事先了解数据集复杂性的问题”，而在外交国防和情报数据方面，情况往往并非如此。[57] 此外，大数据分析在处理以持续进化改变为特征的可预测环境时似乎最为有用，而不是在处理不可预测的环境时，而这些不可预测的环境表明频繁的、不连续的、根本性的变化，是许多重要的全球安全发展的特征。[58] 因此，单凭大数据分析（有限的时间范围适用性和难以预料的冲击解释能力）很难可靠地弥合重大的外交情报知识缺口，这就造成了战略不确定性。[59]

此外，即使收集到的大多数外交情报被认为是可信的，但大数据分析的结果也很难得到正确的解释。通常可用的数据“只是你真正想知道的东西的一个代表”，从一个到另一个的逻辑跃迁是非常靠不住的：通常大数据分析促进基于我们知道如何衡量的因素的决策，在解释过程中经常忽略我们尚不知道如何衡量的关键的无形因素。[60] 确定这种含义可能具有挑战性，因为大数据分析可以忽略外交安全政策背景的关键要素（通常称为领域知识）或微妙的线索或意义的细微差别：[61]

> 军事情报的核心是评估目标的能力、意图和行动。这并不能简单地通过使用方法论过程来实现，这些方法论过程可以挖掘大量的数据来寻找模式和趋势，从而提供对目标的洞察。技术和技术能力会有所帮助，但是，在以细微差别、微妙的政治暗示和信号活动为特点的新安全环境中，目标能够采取反措施来规避情报机构所作出的最大努力，没有人能取代经验丰富的人，训练有素的分析员能够利用所有可用的资源作出明智的评估。[62]

当外交情报中存在明显的跨文化差异时，大数据分析似乎特别有可能在不经意间导致重大的误解。如果人类判断的作用被边缘化，那么尤其令人痛苦的是评估对手的意图，[63]其理解对于外交情报的预测和反应至关重要。因此，虽然依赖大数据分析是很诱人的，但即使是最好的人工智能或机器学习算法，当单独用于解决外交安全数据的独特挑战时，也会受到严重的限制，甚至会产生误导。因此，在信息过载的战略操纵负载环境中，始终如一地避免重大解释错误，需要情报和国防部门的大数据分析包含重要的人力投入和指导，以提供关键的解释背景。[64]

公众对全球数据冲击的担忧

信息过载已经取代了信息匮乏，成为全球普遍关注的问题，[65]面对过多的信息可能是"现代生活中最大烦恼之一"。[66]"全体的干扰信息"造成了"被告知个人责任的溺水感和失去自主性的感觉"。[67]信息解释的障碍似乎太高了，以至于当我们被一个问题的各方面信息淹没时，我们仍然会感到信息不充分，"大量的数据常常无法告诉我们：我们需要知道什么"。[68]这些倾向阻碍了任何对事实真相的追寻。

信息过载引发的大众烦恼

尽管有一些众说纷纭的民意调查证据，[69]但公民似乎越来越困扰、紧张、困惑，并担心如何吸收、解释和应对信息爆炸。[70]许多人现在甚至"为管理生活中最基本的方面而感到不知所措"[71]，并不断"抱怨信息过载——每个人都被这些变化折磨"。[72]即使在年轻人中，"丰富的新闻和无处不在的选择并不一定能转化为更好的新闻环境"。在美联社的一项主要调查中，受访者"表现出新闻疲劳的迹象"，似乎"由于信息过载和不满意的新闻体验"，形成了"一种习得的无助反应"，即"他们越是不知所措或不满意，他们就越不愿意付出努力"。[73]信息的泛滥会增加公民对领导绩效和数据主观性的怀疑：一些媒体怀疑论者怀疑"真相是否会变得重要——也许，他们推测，在新的信息时代，事实只是一个信念的问题，而不是任何客观或可证实的东西"。[74]

大规模公共安全赤字

对于公民的安全感而言，信息爆炸会在不经意间扩大人们对人类安全威胁的感知范围。正如不断增长的数据访问可以提高潜在受害者的危险意识一样，它也可以使威胁源能够“利用同样的技术干扰来协调针对他们的情报收集工作”：“互联网和计算机信息时代的技术为国际犯罪和恐怖主义提供了新的渠道”，对社会造成了自下而上的破坏。[75]数字革命意味着我们的财务状况、行为倾向甚至我们的安全措施等更多的个人细节变得更容易被那些想要扰乱我们生活的人获取，而当这种破坏发生时，它们会被更广泛地传播。此外，引发公众的情绪反应尤其是在高度不稳定问题上的恐惧和民族自豪感，会在信息过载的情况下，提高公民对战略操纵破坏的脆弱性，尤其是当作为一个主要的操纵目标时，这种情绪增加了公民不加批判地对先入为主的强烈信念信息接受度的确认。

即使人们对技术感到满意，信息爆炸也会使人们对正在发生的事情的理解复杂化，并降低那些最脆弱的人迅速适应不断变化的条件的能力，或采取适当措施保护他们应得东西的能力。在面临迫在眉睫的内部或外部威胁时，官方机构引导公民采取适当安全对策的能力可能会受到削弱，因为“在信息过载的情况下，政府的沟通不太可能有效地传达给公民”。[76]这种缺乏明确指导的做法可能会导致随之而来的大规模公共混乱，以及对自己命运缺乏控制的沮丧。

大众对大众传媒负面影响的敏感性

鉴于信息过载，传统的报纸和广播等大众媒体似乎没有什么动力来平衡报道有争议的议题，或者尽量减少可能引起更多关注的偏差注入。相反，这些媒体倾向于推出耸人听闻的故事，暗地里宣传它们（和它们的广告商）支持的任何隐藏议题。尤其是在快速发展的突发危机中，媒体既能澄清当前的危机，也能使其变得模糊不清。因此，即使是那些认为自己有一个清晰的全球图景的人，也可能不幸被误导，并且脱离了当前的安全现实。

基于互联网的社交媒体允许个人上传他们想要上传的几乎任何东西，而且由于确定上传数据的质量非常困难，信息消费者往往无法区分事实和虚构，而且在某些情况下，他们已经放弃了尝试。而通过社交媒体，很多公民在社会经济纠纷中获得了更大的发言权，在制定国家政策方面有了更多的发言权，“那些为了政治利益或利润而操纵公众的人（无论是公司还是政府）也能更直接地接触到公众”。例如，许多伪装成“独立信息提供者”的网站都被政治团体控制。[77] 因此，解释变得扭曲的可能性增加，因为“中介技术使传达意图变得更加困难，更容易扭曲意图”。[78] 例如，即使有可能插入各类表情符号，通过电子邮件和短信来传达强烈的真实意图或微妙的情感差别几乎是不可能的。因此，双重解读挑战放大了安全风险，在这种情况下，人们必须过滤掉数据本身的失真和传递数据的社交媒体技术的失真。最终，通过社交媒体实现信息获取和新闻创作的民主化可能会在不经意间让人们困惑不解。

公众关注大数据分析

全球公民对支持大数据分析的信息收集及其对个人生活的入侵都有点担心。[79] 例如，“更广泛的公众越来越认为美国政府在收集、存储和处理个人层面的数据方面拥有太多的技术能力，这反过来又使它能够前所未有地进入包括美国民众在内的数百万人的日常生活中”。[80] 大数据分析可用在关键问题上并影响大众的公众情绪（在公民不知情的情况下）。这一情况在许多民主国家的结果是“数据整合的便利性和对政府过度扩张的担忧之间的紧张关系显而易见”。[81]

对个人隐私的潜在侵犯、基于个人倾向实施惩罚或清白的丧失、推行社会倒退政策、获得福利的不平等以及为专制目的滥用都是公民关心的问题。[82] 例如，即使不公布具体的姓名，一些市民认为，推断出某特定地区某特定类型的人有某种倾向是对个人空间的严重侵犯。美国政府的一项重要研究得出结论：“虽然大数据可用于伟大的社会公益事业，但也可用于造成社会危害或造成不公平影响的结果。”[83] 公民很少为收集个人数据的共同安全理由所说服。由可信来源为合法目的收集的数据可以被共享、出售或窃取，交给那些对其使用没有限制的人的手中。在许多社会，“大数据加剧了国家和人民之间现有的权力不对称”。[84] 关于指导与公民相关数据收集的目标、技术、分析和传播规范的透明度和公开讨论度都还不够。

信息解释障碍

人类很难从传入的信息中提取正确的含义，即接收者的理解与发送者的意图一致。世界变得“日益复杂，不确定性不断增加，预测和控制结果的能力不断减弱”，[85] 在这种情况下，信息的增加会助长误解和操纵。[86] 因此，外交安全政策的遗留中充满了“人为过失和错误”的例子，这通常“不是源于信息的缺乏，而是源于对可用信息的错误判断和评估”[87]——“我们的信息文化，其主要缺点不是‘事实’的可用性”，而是确定它们与接收数据的人的“质量和相关性”。[88]

在全球安全领域内，图 1.1 所示的核心互联信息解释障碍是（1）与不断升级的信息过载和安全信息不可靠性相关的数据数量或质量失真（刺激）；（2）与人类认知缺陷和组织决策不灵活相关的接收者处理限制（反应）；（3）与全球文化多样性和国际政治无政府状态相关的价值体系多样性（语境）。这些因素共同为国家和非国家参与者创造了一场噩梦般的完美风暴，因为他们在外国安全问题上具有高度的战略操纵潜力（结果），包括发起操纵和成为操纵受害者的能力。因此，与个人交往相比，在全球范围内，外交操纵更被默许也许并不奇怪：由于不同的规范，“暴露一种容易在人际关系中造成极大不适的操纵行为，在国际关系中并不是一个重大问题”，在这种情况下，操纵的发起者通常看起来很愿意“为了获得更大的长期利益而承担高额的短期成本”。[89]

不断升级的信息过载如何阻碍数据解释

最近的趋势促进了信息过载升级，阻碍了数据解释：

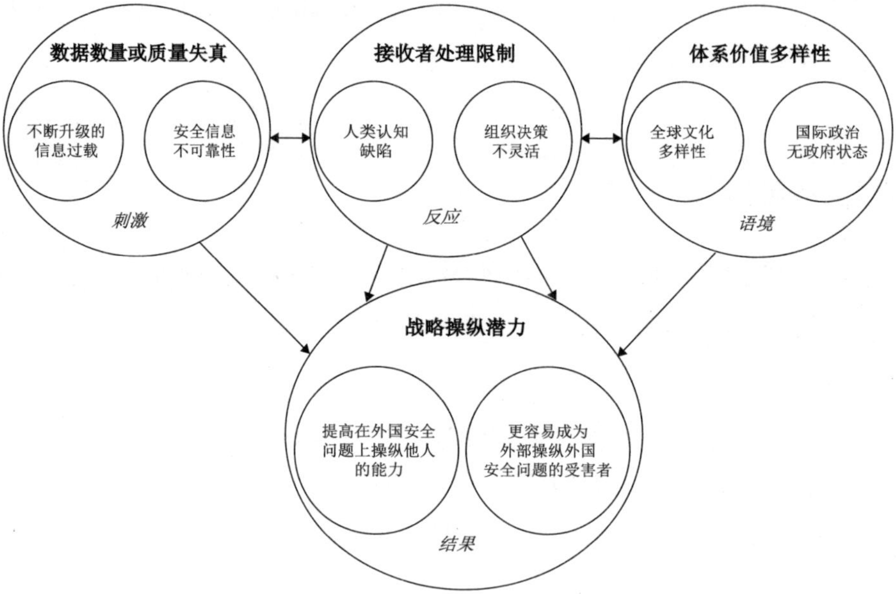

图 1.1　信息解释障碍

- 全球困境中的多信息来源，即使是在世界上偏远的秘密地区。
- 难以确定衍生出新信息的原始信息来源的可信度。
- 增加了对其他无法估量的政治、经济和社会现象的“数据化”。[90]
- 全球公民越来越希望政府在对外关系中提高透明度。
- 更大的全球信息依赖性反映了更大的全球技术依赖性。
- 通信和信息传输的速度加快了全球困境的变化速度。
- 出现跨越国界的复杂的全球性威胁，需要更广泛的分析和建模。
- 全球化导致国家和非国家团体需要与其他团体分享信息，以便一起解决共同问题。
- 国际上计算机和通信设备及传感器的激增，导致数字数据生成如雨后春笋般发展。

因为现在许多人将数据访问视为一种基本的生存需要，所以减缓这种趋势是很困难的。

如图 1.2 所示，信息过载会以多种方式阻碍数据解释。它会导致（1）许多相互矛盾的数据源显示出可疑的可信度，阻碍了对可信新闻和欺骗性新闻的区分；（2）数据变化速度不断加快，阻碍了对当前趋势的最新理解；（3）通信信噪比恶化，[91] 阻碍了关键信息与外部信息的区分；（4）由于准确理解与成功结果之间的对应性低，所以难以从过去的数据解释错误中进行学习；（5）数字数据库易受破坏方黑客攻击，这些破坏方为了自己的邪恶目的而破坏或扭曲信息。对于第一个障碍，鉴于新闻来源从其他能够报道"假新闻"的信息源中提取故事，很难有条不紊地确定应该相信什么。通常"拒绝意外获得的准确信息并将其视为草芥，因为所有的人都知道，欺骗往往是建立在提供看似准确和可证实的数据的基础上"。[92] 对于第二个障碍，"技术变革的速度加上认为技术越多越好的无管束倾向（技术爬虫），通常会加剧数据烟雾和信息过载的影响"。[93] 对于第三个障碍，考虑到认知的局限性，"我们很难区分琐碎和重要，所有这些信息处理让我们感到疲倦"，[94] 这在处理低概率、高影响的现象时问题尤其突出。[95] 安全分析者经常发现，"有可能有太多的威胁数据"，模糊了所涉及的实际信号，导致安全分析者摒弃或忽略了最关键的内容；[96] 甚至是沉默也可能成为"当被其中一个参与者将其解读为默契且有意义的交流时，无意中产生的干扰信息"。[97] 对于第四个障碍，"因为它们的伪装表现形式，识别信息处理中的成功和失败有时很棘手"：

> 如果由于外部环境的影响，信息处理的失败并没有产生高成本的后果时，那么重大的失败可能就会被忽略，甚至可能认为失败乃成功之母。同样，如果信息处理的成功没有得到利用，政策和政策的执行因此产生了高成本的后果，那么成功可能被误认为是失败。在这两种情况下，反馈都会产生错误的学习方式，因为从结果中得出的推论具有误导性。[98]

可疑的数据源可信度 许多相互矛盾的数据源显示出可疑的可信度，因此很难确定哪些是可信的，哪些是欺骗性的。

快速的新闻转换 数据不断加速变化使人们很难及时了解对当前趋势的解释。

低信噪比 在一个无关数据的海洋中寻找关键的相关信息变得越来越困难。

纠错困难 由于准确的解释和成功的结果不匹配，很难从过去的解释错误中吸取教训。

网络黑客漏洞 数字数据越来越容易受到破坏者的黑客攻击，这些破坏者为了自己的目的而破坏或扭曲信息。

图 1.2　不断升级的信息过载如何阻碍数据解释

在总结第五个障碍时，美国前国家情报局局长詹姆斯·克拉珀（James Clapper）担心"改变或操纵电子信息以损害其完整性，而不是简单地删除或破坏对其访问"的邪恶行动，[99] 和美国国家安全局前局长迈克尔·罗杰斯（Michael Rogers）上将，担心严重依赖被操纵的数字数据的安全政策——"如果我们所依赖的数字基础不再可信，那将会发生什么？"[100] 在评估数据质量、相关性、可信度和意义方面，文化视角的巨大差异阻碍了共识。

安全信息的不可靠性如何阻碍数据解释

如图 1.3 所示，安全信息的不可靠性可能构成一个主要的解释障碍。伴随着越来越多来自公共和私人来源的通常以精确的数量形式的外部安全数据，许多信息消费者轻率地认为他们收到的信息既有效又可靠。这个前提是基于一个假设，即随着时间的推移，技术监测的进步提高了数据收集和传播的准确性。

对安全数据的高度盲目信任
1. 越来越多来源于公共和私人来源的外国安全数据，往往有着精确的数量形式。 2. 许多信息消费者轻率地认为他们收到的信息既有效又可靠。

缺陷安全数据频频出现
1. 关键的国防信息通常是机密和不外露的，国外安全数据是出了名的不可信。 2. 许多国防信息被歪曲或误导，阻止了对正在发生的事情有明确的战略认识。 3. 有能力的对手经常注入不真实的信息或省略重要信息，并随着时间的推移熟练地改变数据使其失真。 4. 关于迅速变化的安全困境的关键信息通常相互矛盾，而且只能从很少的来源获得。 5. 外交安全数据中的文化和价值观差异混淆了信号的含义，需要背景知识。

在安全数据操纵方面需要高度警惕
1. 由于跨国家安全数据普遍不可靠，外交安全操纵的可能性相当大。 2. 这种数据操纵的潜力在数据分析中常常被低估。 3. 错误的外交安全数据可以是善意捏造的，也可以是恶意伪造的。 4. 情报分析员需要高度警惕所依赖的原始数据可能是虚假的、误导性的或故意歪曲的。 5. 公民个人在接触外交安全数据时需要保持警惕，以确定所识别的威胁是真实的还是夸大的。

图 1.3　安全信息的不可靠性如何阻碍数据解释

然而，高质量的国防信息通常是保密的，国外的安全数据是出了名的不可信。不仅在非常嘈杂的环境中，收集到的大多数数据会被歪曲或完全弄错（考虑到安全机构试图对真实数据保密），而且有能力的对手也会定期注入不真实的信息或忽略重要信息，并随着时间的推移熟练地改变数据失真情况，使处理混乱数据的传统方法相对无用。此外，不仅关于快速变化的持续安全预测的关键信息通常只能从很少的来源获得，而且这些信息往往相互矛盾，使确保数据有效、可靠的可信度和准确性检查的典型方法不可行。在战争期间，著名的普鲁士军事理论家卡尔·冯·克劳塞维茨（Karl von Clausewitz）很久以前就指出，数据的不可靠性尤其高，[101] 因为许多通信验证通道通常被阻塞。[102] 此外，鉴于外交安全数据中存在文化和价值观差异，重要信息不仅难以从字面上理解意思，还需要数量惊人的背景信息来确定什么是真正所隐含的，这使推断意图的标准方法相对无效。因此，鉴于情报分析员通常不仅要预测对手的行动，而且要就如何有效应对作出高风险的决定，他们需要高度警惕所依赖的原始数据可能是虚假的、误导性的或故意歪曲的。[103] 同时，当接触外交安全数据时，公民个人需要特别警惕，以确定所识别的威胁是真实的还是夸大的。

由于信息过载加剧了安全信息的不可靠性，外交数据操纵似乎尤为可能，需要格外警惕。然而，在数据收集过程中，这种操纵潜力通常被淡化。[104] 外交安全信息操纵的两种主要类型是善意的捏造和恶意的伪造。在这两种操纵形式中，恶意伪造在全球范围内被认为是更不合法的，似乎更容易引起目标的怨恨、愤怒和反击。

举例说明通过善意捏造的外交操纵，其中有着三种截然不同的数据失真。第一，一些国家政府缺乏系统地收集准确的安全数据的能力或意愿，给全球数据收集机构提供的只是伪装成精确数字的粗略或失真的估计。在一些发展中国家，“无论你关注的是经济增长、饥饿还是贫困，这些数字通常都是不准确的”：

> 谈到非洲的经济增长，在某些方面，我们所知甚少，就像利文斯通（Livingstone）在尼罗河上游所做的那样。数字常常缺失、质量低劣或相互矛盾。要想了解原因，你必须看看资料来源：各个国家的统计局。他们负责向国际组织提供数据，但由于长期缺乏资金、人员配备和收集所需信息所需的知识而受到阻碍。[105]

对这些国家的国内生产总值的权威估计差异很大，“这不仅仅是国内生产总值数字的质量问题，它们的时效性太差——程序太慢，以至于国家统计常常要花几年时间才能公布数据”。[106] 第二，即使是重要的生存数据也可以捏造：在一些地区“高度分层和划分的研究是在社会和经济不平等、高失业率和劳工法不健全的背景下进行”[107] 时，医学领域的研究中出现重大的数据捏造被认为是可能的。第三，在全球北部，尽管通过黑市地下网络非法跨国犯罪转移武器、毒品和人员的确切规模不可能被精确量化，但各国按接受方的票面价值定期向全球机构报告有关其规模的精确但差异很大的数据。[108] 对于这种不经意的数据失真，“国际组织（以及记者和决策者）应该直截了当地指出缺点，而不是用虚假的确定性来模糊我们对世界的看法”。[109]

一些国家和非国家集团倾向于通过恶意伪造来进行外交操纵，它们意图通过有目的的欺骗来获得战略优势（通常是由于它们缺乏对对手的军事优势），向对手传递伪装成准确安全情报的虚假军事信息。这种模式在 1944 年 6 月盟军登陆诺曼底的“二战”计划“保镖行动”中表现得尤为突出。这是“历史上最危险、风险最高的军事行动之一”，需要一支相对较小的初始部队登陆，以应对可能超过 100 个德军装甲师、步兵师和要塞师的力量，其成功“取决于阻止高度警惕的德国人知道何时何地集结战斗力以击退攻击”。[110] 总的来说，这一阴谋涉及“反情报，特别是反间谍活动、密码学、制空权，并且是通过双重间谍行动、诱骗力量和伪装进行欺骗的艺术和技巧”——这被证明是“一种不朽的、高超的反情报和欺骗行动，即使是完全理性的个人和组织也可能难以穿过其迷雾和误导来推测真相”。[111]

人类认知缺陷如何阻碍数据解释

人类的认知缺陷一直阻碍着正确的信息解释。重要的人类学和社会心理学理论，如图 1.4 所示，揭示了这些局限性，通常是由于“基于对另一个国家应该如何行事的主观判断而不是基于其行为方式的客观评估的误解”和“先入为主的观念胜过事实的支配地位”。[112] 这种误解凸显了根深蒂固的有意识和无意识地对偏见的容忍。

认知一致性，或确认偏差，将过去的图像带入现在，将输入的数据与先前存在的信念相匹配，以便先前的预期控制当前的感知。[113] 在密切相关的认知自负中，认知自负会产生回旋镖效应，导致矫枉过正和感知扭曲。[114] 非黑即白的思维包含了品行端正的自我形象和邪恶的对手形象，干扰了对不断发

人类认知缺陷的理论
1. 认知一致性 / 确认偏差：将过去的图像带入现在，将输入的信息整合到已有的观点中。
2. 认知自负：通过在相反的方向上进行扭曲来过度纠正已识别的知觉错误。
3. 非黑即白思维：拒绝有细微差别的含义，而倾向于品行端正的自我形象和邪恶的对手形象。
4. 不容忍模糊 / 需要刨根问底：人为地确定令人困惑的信息或数据意味着什么。
5. 一厢情愿：以一个人所希望的方式看待世界，而不是真实的世界。
6. 最坏情况分析：展现偏执悲观主义，寻找支持可怕预测的证据。
7. 民族优越感：感觉比不属于自己的群体或民族的人优越。
8. 仇外心理：放大对陌生人或外国人的恐惧。
9. 自我应验预言：涉及直接或间接使它自己成为现实的预言。
10. 选择性注意：忽略与先前存在的图像相矛盾的传入信息。
11. 投射：把其他相关的特征和信仰归因于自己。
12. 对比投射：把与自己的合理化相反的特点和信仰归因于对手。
13. 合理化：为客观上不可接受的行为编造人为的理由。
14. 认知支持：寻找证据来增强先前存在的信念的可信度。

安全影响
1. 为了避免客观的信息评估，用根深蒂固的顽固倾向来先入为主。
2. 无论分析员多么聪明、用心良苦或消息灵通，解释传入信息的能力都是有限的。
3. 当使用认知捷径来处理复杂和不确定的信息时，人类的偏见就进入了画面。
4. 其结果可能是对当前的态度和行为过于自信，对这些态度和行为中的缺陷信号不重视。

图 1.4　人类认知缺陷如何阻碍数据解释

展困境的细致入微的理解。[115] 与不容忍模糊或需要刨根问底密切相关的是，特别是对恐怖组织，[116] 要求对重要的议题给出明确的答案，人为地创造数据含义的确定性。[117] 一厢情愿认为世界是人们所希望的样子，而不是真实的样子。[118] 只关注积极的结果，其中需求优先于预期 [119] 并且常常反映出过度的自信和自满。最坏情况分析，是相反的趋势，反映了潜在的偏执悲观主义寻找证据支持可怕的预测："危言耸听者总能找到可靠的专家或报告，警告可能发生可怕的事情"，[120] 这是安全分析师的典型特征，因为他们将识别威胁视为国家存在的基本理由。[121] 支持这一趋势的是种族中心主义（认为自己比那些不属于自己群体或国籍的人优越 [122]）以及仇外心理，他们扩大对陌生人或外国人的恐惧。[123] 自我应验预言意味着直接或间接地使他们自己成为真实的情况，通常是关于不希望的期望。[124] 选择性注意忽略了与先前存在的图像相矛盾的传入信息 [125] 或来自不同价值体系的信息：关于对手的意图，政策制定者冒着"忽视代价高昂的信息而更多地关注那些虽然成本较低但更生动的信息"的风险。[126] 投射归因于他人与自己相关的特征和信仰。[127] 如果是处理对手的形象，尤其是找替罪羊，则可能会出现对比投射，将与自己相反的特点和信仰归因于他人。[128] 合理化为客观上不可接受的行为创造了人为的正当理由。[129] 最后，密切相关的认知支持寻求证据，以增强先前存在的信念的可信度。[130]

这些人类认知缺陷理论强调了人们的能力有限（无论他们多么聪明、有经验、用心良苦或消息灵通），都无法准确地解释传入的信息："易犯错误和绝对不完美的人是指挥和控制系统的一部分"，[131] 将其从循环中删除，将有可能失去除此之外无法获得的上下文关键的"领域知识"。偏见会影响判断，导致决策失误。人类的思维很难应付太多的不确定性和复杂性。[132] 人们求助于认知捷径来简化信息处理，这阻碍了平衡客观的安全评估。[133] 结果往往是过度自信和选择性地忽视缺陷信号。[134] 因此，分析者对安全数据的解释需要认识到自己的局限性，以防止他们过于犹豫不决、不确定和不愿作出判断，或者过于防御性，倾向于进一步证明现有观点的合理性。

组织决策的不灵活性如何阻碍数据解释

组织决策缺乏灵活性（强调决策者不愿意或不能及时适应不断变化的环境）可能会在数据曲解中起主要作用。关键的沟通和决策理论，如图 1.5 所示，解释了这些局限性。已确定的决策障碍形式揭示了组织标准操作程序变革的深层阻力。

群体思维反映了有凝聚力的小型决策群体压制相反观点的倾向，甚至在选择极具争议性的政策选项时，也会形成一致性的人为形象。[135] 通常，"当政策制定者允许一个有益的共识滑向一种不鼓励其他政策方法的定式的思维倾向时，就会出现误解或忽视相关信息的问题"；"由这种心态驱动的决策过程

组织决策缺乏灵活性的理论
1. 群体思维：有凝聚力的小型决策小组压制相反的观点，形成一个人为的一致形象。
2. 官僚惰性：抵制创新和适应环境变化的组织单位。
3. 认知闭合：在信仰上，一个可能是等级制度或条块分隔的群体过早地抵制改变。
4. 满意解决：未能对方案进行全面评估，而是接受了第一个勉强可接受的方案。

安全影响
1. 忽略或过滤被认为对组织文化或使命有威胁或无关的信息。
2. 奖励否定性判断和劝阻优柔寡断，这导致鹦鹉学舌般地支持解释上级的偏好。
3. 即使面对信噪比很低的不确定情况，也会向分析者施压，要求他们作出明确的自信判断。
4. 平衡反应不足（自满）和反应过度（大喊大叫）的风险。

图 1.5　组织决策缺乏灵活性如何阻碍数据解释

既会忽视不同意见的信息和分析，也会阻碍该领域的专业人士在未来提出的不同意见”。[136] 官僚惰性使组织单位抵制创新，使威胁感知和标准操作程序无法根据不断变化的环境进行适当调整，倾向于支持上级偏见的数据，而不是挑战这种偏见，[137] 促进“常规思维”，并且假设未来发生的事情只是对过去发生的事情的推断。[138] 官僚主义的政治文献强调，相互竞争的组织利益和机构狭隘性如何能够减少重要的数据共享，并将信息解释和由此产生的政策建议向那些强调自身机构关键作用的人倾斜。[139] 官僚主义惰性可能与认知闭合有关，一旦某个群体选择改变信仰，就会过早地抵制，[140] 通常会因结构层次、中央集权和专门化而增强，[141] 特别是因为情报机构内部明显的过度划分而增强。[142] 最后，满意解决 [143] 意味着一个决策团体未能对应对困境的所有可能选择进行全面的搜索和评估，而是在考虑第一个最低限度可接受的方案时不再考虑备选方案，对于外交安全决策团体来说，这往往是另一种必须动用军事力量的选择。

因此，组织决策缺乏灵活性会导致数据的误解，尤其是在低信噪比的情况下，这在外国情报机构中相当普遍，“虽然情报部门一直在受到警告和威胁，但绝大多数警告和威胁都是虚假的或夸大的”，以及“许多事实证明真实的威胁都是模糊的——威胁可能存在，但可能很少或根本没有关于它何时何地发生的信息”。[144] 在这种情况下，“关键参与者往往会忽略或过滤被认为具有威胁性或与其组织文化或使命无关的信息”，其结果是认知和政策的扭曲。[145] 如果肯定的黑白判断得到回报，而拐弯抹角和优柔寡断被阻拦，分析者往往会鹦鹉学舌般地解释上级的偏好，或推动维持现状的政策。在这种情况下，通常“军事指挥官或政策官员比以往任何时候都更希望从情报系统中作出确信的判断”，“尽管局势存在固有的不确定性，但这可能会迫使情报系统作出肯定的判断，或者另一方面，要求一定程度的‘证据’，（这些证据）是绝对无法获得的”。[146] 从整个组织的角度来看，“为了应对威胁报告或警告，组织有意识地被迫平衡反应不足（自满）的风险和反应过度的风险（大喊大叫），这两者都会严重损害组织的公信力”。[147]

全球文化多样性如何阻碍数据解释

尽管全球化带来了同质化的影响，但全球文化的多样性仍然会使外交安全信息的解读变得更加复杂。如图 1.6 所示，不同文化的数据解释差异很大，常常导致误解和敌意。此外，在文化背景下，个人公民与精英决策者，生活在民主政体与生活在专制政体、面临危难时刻与面临常规挑战、处理政治军事与处理社会经济问题的人之间出现了不同的解释。文化差异的高度重要性揭示了相互对立的价值观，即每个群体都发现其他群体的沟通方式有些不透明和难以理解，这使一些分析人士认为，未来战争的一个关键触发因素将是支持对立的文化习俗和对立的信仰体系的人群之间的对立。[148]

除了需要了解目标文化之外，准确的信息解释还需要对自己文化所带来的偏见更加敏感。这种文化偏见“是对一个人思维的限制，是在成熟过程中从广泛持有的信仰、实践或认知风格中获得的，这些都是一个人特定社会环境的特征”。[149] 当一个人根据自己社会所拥有的价值观、道德观和风俗习惯来集体评判他人时，战略思维就会误入歧途。[150]

即使信息消费者意识到自己的文化偏见，有时他们在解读外部的交流时

理解他人观点时感觉迟钝

1. 不同文化对数据的解释差异很大，易造成误解和敌意。
2. 不同的价值观可能会导致社会群体发现其他人的沟通方式不透明和难以理解。
3. 引发未来战争的可能是支持对立的文化习俗和对立的信仰体系团体之间的对立。

难以认识自己的偏见

1. 准确地解释信息需要对自己文化所带来的偏见保持敏感。
2. 扭曲自己的思想是一个人在特定的社会环境中普遍持有的信仰、实践或认知方式。
3. 从自己的文化、习惯、道德和风俗习惯来判断外国的情况和做法会影响分析。

把自己的价值观投射到别人身上

1. 将自己的思维方式投射到他人身上是解读外界信息的常见方式。
2. 假设别人会以某种方式行事，因为你在类似的情况下也会这样做，这种想法是错误的。
3. 不理解其他人对其国家利益的看法与我们对这些利益的看法有不同，这是问题不断出现的根源。

图 1.6　全球文化多样性如何阻碍数据解释

仍会将自己的思维方式投射到他人身上，这对跨文化理解构成了真正的障碍。因此，如美国情报分析员经常犯错误，因为他们“假设对方可能以某种方式行动，以填补分析员自身知识上的空白，因为这就是美国在类似情况下的行动方式”——“其他文化中的人不这样想”，而且“不能理解其他人对国家利益的看法与我们对这些利益的看法不同，这是情报分析中不断出现问题的根源”。[151]

因此，跨文化的有意义的数据解释需要一套复杂的技能。这套技能要求“了解潜在对手的观点和行为准则，以及他们的能力、历史，他们的文化和他们的偏见”。[152] 为了准确地解释交流和进行外部操纵，特定的外国文化理解需要一个人“必须认识到目标的感知背景，才能知道受历史、文化、官僚偏好以及整个经济和政治环境”[153] 的影响，“什么（虚假的）世界图片会显得可信”。一个基于文化的情报问题直接关系到信息过载下信号的准确解释的一个例子是“沉睡已久的民族情感的复苏，在多大程度上源于对伴随现代大众传播系统而来的文化同质化的反对的反作用”。[154] 这样一个问题说明，了解一种外国文化的一个关键先决条件是理解该文化在多大程度上试图模仿或抵制其他文化的影响，以及文化在多大程度上感到受到围困和威胁，而不是安全和繁荣。归根结底，对外国文化的深刻理解不可能总是单独或远距离进行的。咨询外部专家，特别是想方设法直接听取那些现在或过去曾经是目标社会成员的观点，在作出依赖于外国文化知识的重大判断时，避免“大卫·耶利米（David Jeremiah）上将所说的‘每个人都像我们一样思考的观念模式’似乎是绝对关键的”。[155]

国际政治无政府状态如何阻碍数据解释

国际政治无政府状态反映了全球共同准则和有意义的权威结构的缺失，助长了一种各自为政的心态。如图 1.7 所示，这种无政府状态会阻碍数据解释，因为它会阻碍共同的全球政治规范的出现，这些规范可以促进沟通和跨国冲突的解决。最终，无政府状态会产生一种宿命论的预期，即联合行动或完全理解他人观点的努力注定会失败。

在无政府状态下，不守规矩的政党可以轻易地超越可能的目标，选择在那些权力结构最分散、最无能或最腐败的地方运作，或者选择在那些最天真或最受不断变化的全球威胁困扰的地区运作。这种破坏性力量，利用隐秘和难以解释的暗号，就可以茁壮成长，并扩展为有效的跨国行动，因为它们克服了主权僵化、利用了无政府状态并且反映了一种全球化效率的能力，这种能力可能远高于大多数维持现状的西方国家的能力。

在国际关系中，似乎很少有人理解（或遵守）一套无政府的游戏规则。[156] 由于缺乏一套统一的、普遍的规则，各方似乎都可以根据自己的特点自由行事和解释交流。与过去不同的是，核心大国无法自行制定游戏规则，至少部分原因是它们缺乏公认的全球合法性，这种合法性的缺乏会增加它们遭受破坏的脆弱性。[157] 道德相对主义日益流行，加上对不同信仰的非判断性宽容，可能会导致任何推动一套更为一致的解释规范或游戏规则的推力。在这种思

对共同解释规范发展的阻碍

1. 无政府状态妨碍了建立一套共同的全球政治规范，以促进交流和寻求价值。
2. 无政府状态产生了宿命论的期望，即共同或完全理解他人观点的努力注定要失败。
3. 无政府状态允许不守规矩的政党使用隐蔽和难以理解的信号轻松跨越易受攻击的目标。

模糊且功能失调的全球游戏规则

1. 人们对国际关系中的那套无政府游戏规则几乎没有广泛的了解（或遵守）。
2. 每一个全球政党似乎都可以根据自己的特点自由行事和解释沟通。
3. 核心大国无法自行制定游戏规则，部分原因是它们缺乏广泛的合法性。

国际威胁的交流机制退化

1. 目标可能会误解威胁的条款，因此可能会在不知不觉中违反这些条款并导致威胁得以实施。
2. 威胁来源的流动性、隐蔽性、多方面性和分散性会影响威胁的可信度。
3. 可证明的、可量化的和明确的威胁正在被模糊的、支离破碎的、不可量化的、无形的威胁取代。

图 1.7　国际政治的无政府状态如何阻碍数据解释

维方式下，建立更普遍的规则似乎类似于一种对每个人都有能力独立赋权的反民主压制。对于被剥夺权利的国家和非国家集团来说，当今世界的游戏规则这一概念本身就让人想起一个时代，在这个时代，它们牺牲了外交政策的自主权，以换取它们认为相当专制的世界秩序。

此外，对于许多无法提升全球等级的弱势政党来说，违反游戏规则并在误解中茁壮成长似乎是摆脱令人窒息和羞辱的现状的一种方式，这种现状是它们感到无法产生影响的前提。[158] 那些不想按规则行事的人，包括无赖国家、恐怖组织和犯罪组织，知道今天大国很难对它们施加长期有效的压力，事实上，这些不服从的政党的地位似乎大多源于它们有能力曲解或公然挫败大国的游戏规则，并在不遭受毁灭性后果的情况下逃脱惩罚。

在充满挫败感和误解的全球无政府政治体系中，当煽动者发出威胁时，目标可能无法完全理解威胁的条件，因此可能在不知不觉中违反这些条款并导致威胁得以实施。即使在被攻击之后，目标也可能不会表现出对所期望的行为变化的遵从性，因为它对预期的感知是如此模糊。由于破坏的始作俑者的流动性、隐蔽性、多方面性和分散性，目标可能仍然不确定是否会实施威胁，甚至在实施威胁之后，危险的主要目的和确切来源可能仍然不清楚。在这样一个退化的通信系统中，“全球战争可证明的、可量化的、明确的威胁较少；而模糊的、分散的和不可量化的（因此不那么‘可见’的威胁）大量存在”。[159]

第二章　全球战略操纵

近年来，战略操纵技术已经变得越来越复杂，这使人们很难辨别一个人是否被操纵，或者信息是否清晰、真实和准确。模糊、欺骗与意外是政治领导人战略工具箱中的主要操纵因素，国家元首和非国家集团领导人也不会回避使用这些因素。当针对对手时，这种方法可以“利用弱点，利用傲慢、自满和自欺欺人”，并且可以阻止对能力和意图的准确评估，从而妨碍采取适当的行动。[1]尽管有时“像美国这样强大、自信的国家缺乏使用出其不意、否认和欺骗的自然动机”，并可能将其视为“弱者的武器”，但事实证明，这种战略已被广泛应用。[2]

尽管涉及主观操纵，但战略模糊、战略欺骗和战略意外都有广泛的含义。战略操纵是在高层次、广泛的政策制定中，而不是在低层次的战术实施细节中，有意识地为安全利益投射所需的图像[3]，因此，它包括战略模糊、战略欺骗和战略意外。[4]战略模糊是促进“模糊的中间地带”，即“我们所需的使经验有意义的信息似乎缺失、过于复杂或相互矛盾”。[5]模糊性反映了模糊的、不精确的、容易引起多种解释的信息，或看似相互矛盾的陈述和行为，模糊性适用于交流内容或犯罪者和受害者的身份或动机：同一信息以不同的方式传递给不同的受众，可能会有截然不同的解释。[6]判断这种模糊性是有意的还是偶然的往往是相当困难的。战略欺骗是一种“为了获得竞争优势而故意歪曲现实的行为”。[7] 这既包括传统的欺骗、对一些不真实的事情提供新的信息，也包括否认、阻止访问现有的重要信息，[8] 以及通过注水（故意注入虚假数据）和遗漏（故意漏掉关键数据）进行欺骗。战略意外是故意触发一个重要的、突然的、意外的安全转变事件，通常是针对一个非常希望提前了解事态发展以便能够防患于未然或至少作好准备的目标。具体地说，“意外是一种战略上的不连续性，一种惊人的地震冲击”，它可能“颠覆最好的计划，打破一个舒适的状态”，并“导致心理失调，至少暂时瘫痪”。[9]

在信息过载的情况下，全球安全的不可预测性是广泛使用战略模糊、欺骗与意外的主要后果。通常，在国际关系中，不可预测的情况被认为是不可取的，观察家们认为这是为了通过破坏顺利的全球外交和跨国条约与承诺来减少有意义的全球稳定与和平的机会。尽管如此，宣传不可预测性的国际形象的战略发起者可能会比对手获得优势，使对手非常脆弱，因为这样的形象“可以防止攻击者防范特定的反应”。[10] 在当今世界，出现不可预测的能力似乎比过去更容易，因为全球普遍存在随时可以获取大量相互矛盾的信息，而不必同时拥有随时可以使用的可靠的方法来确定数据的准确性、可信性、有效性或可靠性。

将信息过载与模糊、欺骗与意外联系起来

尽管在通常情况下，关于信息过载的讨论与战略模糊、欺骗与意外的讨论是完全不同的，而且这三种操纵技术通常是相互独立的，但实际上，所有这些都是紧密相关且需要综合分析的。这三种操纵技术之间的相互作用是如此紧密，以至于通常不可能将其中一种技术的工作方法与其他技术的工作方法完全分离开来。图 2.1 描述了这种交互作用的一个常见但不普遍的递阶序列，由此增长的信息过载导致战略模糊的使用，进而促进战略欺骗的使用，并最终创造战略意外的机会。

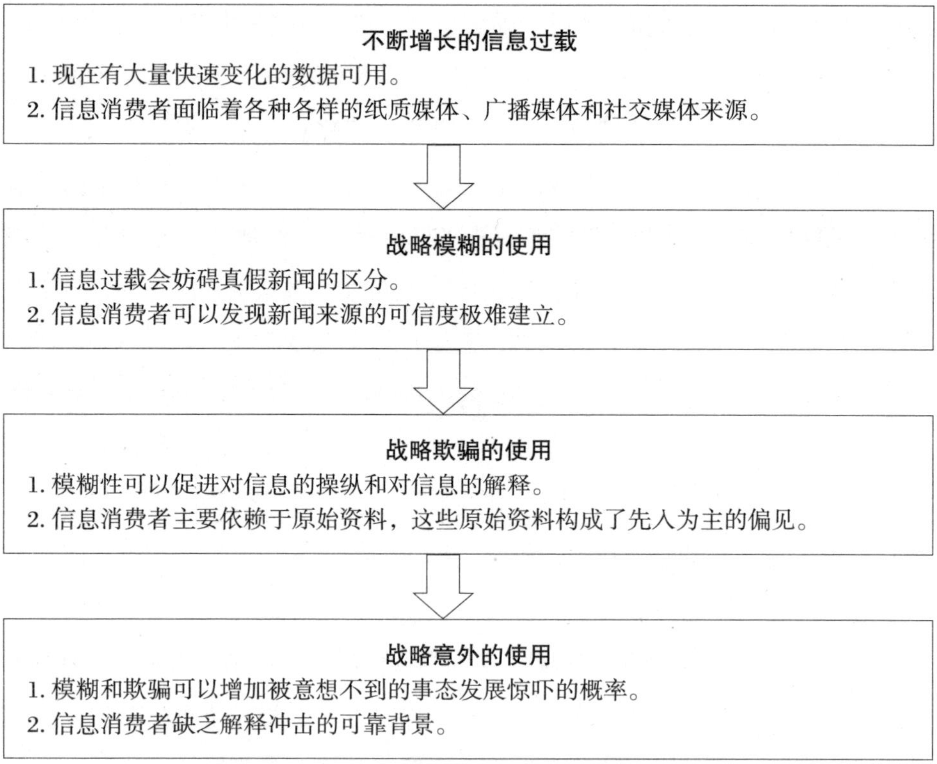

图 2.1　将信息过载与模糊、欺骗与意外联系起来

特殊的联系特征是信息过载、模糊、欺骗与意外。第一，不断增长的信息过载（包括大量快速变化的数据）会导致战略模糊，因为数据过于饱和会降低信息消费者辨别真假新闻的能力和信心。在全球信息过载的今天，相当大的干扰信息降低了交流的质量，而“随机性、不确定性、注意力分散或缺乏信息”使交流变得“如此模糊不清以至于很难解码”。[11] 第二，模糊性有助于信息的操纵和信息的解释朝着期望的方向进行，而信息消费者主要依赖于证实他们先入为主的偏见的来源，使战略模糊可以促进战略欺骗。因为模糊使接收者很难确定信号的正确解释，而模糊“在欺骗性沟通中几乎是必不可少的”。[12] 第三，战略性欺骗可以促进战略意外，因为模棱两可和欺骗性都会增加被没有一致预期的发展吓到的概率，此时数据消费者缺乏可靠的背景或必要的时间来调查或解释冲击。这通常被称为“意外的基础”，[13] 欺骗通常是

“获得意外的关键”，因为当两者结合在一起时，“意外和欺骗产生了协同作用，大大增加了成功的机会”。[14] 事实上，“意外是战争的决定性因素，而正是通过欺骗手段，人们主要达到了这一状态”。[15] 因此，当同一发起者针对同一目标采取行动时，战略模糊、欺骗与意外是相辅相成的，因此潜在目标未能创造性地全面思考战略上的模糊、欺骗与意外结合起来可能是多么危险。

然而，尽管存在这些相互联系，但信息过载和战略模糊、欺骗与意外并非总是以这种方式交织在一起。例如，意识到对手的欺骗行为并不会导致欺骗，反而会导致未来的解释模糊，[16] 而且，因为目标对其先前解释系统的信心较低，一次意外的冲击可能会导致未来的信息失真，而不是欺骗造成意外。此外，战略发起者并不总是预先计算模糊、欺骗与意外之间的确切期望模式，相反，他们的计划可能会随着安全困境的进展而演变。因此，有时关于对手意图的高级情报可能不足以对即将发生的操纵提供有用的警告，有时特殊情况会加剧模糊—欺骗—意外序列的不可预测性。此外，如前所述，由于安全信息的不可靠性、人类认知缺陷、组织决策的不灵活性、全球文化多样性和国际政治无政府状态，信息过载在促进战略模糊、欺骗与意外的频率和成功方面得到了加强。

信息过载如何改变战略操纵

如果不能从根本上改变战略操纵的性质，那么信息爆炸似乎就极大地加速了战略模糊、欺骗与意外的跨国应用方法的应用性和广泛性。图 2.2 总结了这些广泛的变化。

战略模糊转变

信息过载增加了引发战略模糊的可能性，并降低了成功防御的可能性。模糊性通常“因数据过多而加剧”。例如，在攻击警告中，“存在‘干扰信号’和欺骗的问题”，在作战评估中，“大量已完成的分析、战场统计、报告、公

目标的安全影响

战略模糊

通过更多地依赖过多自相矛盾的数据而不是太少的数据，以及通过加速数据转换的步伐，信息过载可以帮助战略模糊恶化信噪比，降低人们感知真正新发展的能力。

战略欺骗

通过诱导人们相信一些不真实的事情，而不是阻止人们访问重要数据（拒绝给予），信息过载可以帮助战略欺骗促进分心，误导人们的注意力，并使他们将资源浪费在不重要的目标上。

战略意外

当复杂的相互关联的数据趋势发生快速的不连续变化，而不是简单的渐进线性演化的变化时，信息过载可以帮助战略意外使人们措手不及、易受攻击和毫无准备，从而增加准确预测全球安全风险的难度。

目标的安全反应

战略模糊

由于安全决策者越来越悲观地认为他们无法得出肯定准确的数据解释，信息过载能帮助战略模糊增加重大长期目标决策瘫痪的可能性。

战略欺骗

通过防止数据消费者辨别出虚假和失真的、准确和真实的信息，信息过载可以帮助战略欺骗阻碍对外国信号的理解和防御目标对策的成功。

战略意外

当传统的防御性反应将更多的资源投入情报收集和分析上时，信息过载会使战略意外更加妨碍政治领导人对预警信号的适当反应。

图 2.2　信息过载如何改变战略操纵

告、侦查和通信截获通过多个渠道向上流动，其速度超过了官员审慎明断地吸收或审查它们的能力，因此存在过载问题”。[17] 当解释大量模棱两可的信息时，个人或职业偏见可能会进入这样一个场景——“当问题是一个缺乏清晰度的环境，大量超负荷的相互冲突的数据，以及缺乏时间对数据来源及其有效性进行严格评估时，模糊性助长了直觉，并允许直觉推动分析”，“当大量零碎的证据为各种解释提供支持时，模糊性就会被内心想法利用，模糊性越大，成见的影响就越大”。[18]

在信息过载的情况下，尤其是在需要达成共识的情况下，模糊性会大大增加连贯决策所需的时间。因此，“在那些处理涉及高度不确定性、模糊性和复杂性的潜在破坏性和威胁性局势的组织中，如处理国家安全和外交事务的组织，高层官员可能对有关威胁的信息采取观望的态度”。[19] 在不确定性消失之前，外交政策制定者通常不能推迟数据解读，因为“在警告中，延迟可能是致命的”。[20] 特别是在时间紧迫的危急情况下，“决策者的工作是作出决定，他们不能通过推迟判断来对模棱两可的信息作出反应”。[21]

信息过载会在许多方面影响战略模糊。信息过载极大地增加了包含矛盾的模糊案例的比例，极大地增加了可用数据的数量而不是质量，导致信噪比和解释困境显著恶化。由于接收到的数据加快了转换速度，信息消费者可能会更难以感知真正的新发展。“即使是通常具有感知力和想象力的个体，似乎也有一些缺陷，他们无法感知到新事物正在发生变化或已经发生了变化”——“他们可能不愿意接受在其他情况下（尤其是在有充分先例的情况下）他们毫无疑问会接受的证据。”[22] 信息过载往往会增加信息消费者对外国战略模糊的宿命论认可，而不是积极寻求补救办法，因为他们的悲观主义思想认为绝对准确的含义是永远找不到的。尽管这种悲观的反应是可以理解的，但它并不是对模糊的最谨慎的反应，因为还有其他可行的、更有希望的选择。

战略欺骗转变

信息过载有助于战略欺骗，这“是一个非常强大的工具，可以追溯到亚当和夏娃时期”[23]，“是最古老和最有效的战争武器之一”。[24]

> 任何欺骗活动的成功都取决于塑造目标的感知能力。信息时代提供了在充分了解对手的看法和偏见的基础上制订连贯的全面欺骗计划所必需的一切工具。形成这种看法和创造另一个与欺骗者目的相称的现实所需的必要传播渠道大量存在。同样，也要有足够的反馈渠道，以便在较短的时间周期内持续调整欺骗计划。[25]

全球化进程的加剧和国家主权的侵蚀，使许多不同层面的目标向外界开放，从而帮助了欺骗者。[26]

信息爆炸在关键方面改变了战略欺骗。由于数据访问量的增加，涉及战略拒绝（故意阻止目标获取重要信息）的欺骗行为似乎会急剧减少。尽管这种拒绝选项仍然是可能的，但在世界大部分地区，数字数据革命使其很难完全关闭包括国防在内的任何部门的信息获取。此外，通过注水（注入虚假数据）进行的欺骗似乎比通过遗漏（忽略关键数据）进行的欺骗更为常见，尤其是当虚假数据强化了现有目标的信念，使隐瞒只在短期内大体有效（因为现在更容易渗透看似安全的数字数据库）。与此同时，欺骗的发起者更容易将目标的注意力从重要的安全优先事项上转移开，使目标在不重要的目的上浪费资源，让他们措手不及，对迫在眉睫的威胁或危机毫无准备。虽然从理论上讲，更多的信息获取可以减少有效欺骗的机会，因为目标对相互矛盾的数据有更高的认识，从而质疑虚假的预测数据，但在实践中，由于欺骗目标中的数据消费者无法找到有效的方法来最终评估欺骗信息与矛盾信息的相对可信度，因此这种欺骗成功率几乎不会降低。

战略意外转变

信息过载增加了战略意外的机会。尽管历史上发生过这样的意外，但在过去二十多年里，这一点尤为明显：

> 我们可以把过去的十几年称为“意外时代”。美国政府对华沙条约的结束、苏联解体、伊拉克袭击科威特以及随后的波斯湾战争、亚洲金融危机，以及对2001年9月11日的事件感到惊讶。没有理由认为资产阶级的时代已经结束，而且有许多理由认为我们还处在它的开端。[27]

尽管“一些战略家预计，如果不能完全消除‘意外的安全冲击’，信息技术的进步就会大大削弱，因此即使拥有世界上最好的装备，世界各地的军队也常常会为对手所震惊”。[28]试图阻止战略意外的情报分析员“发现很难应对大量信息”，这种困难会以消极的方式“影响他们的估计”[29]。一般来说，收集的信息量越大，它可能包含的干扰信息就越多，当“信息中包含大量干扰信息时，又一次情报失误导致意外的风险甚至可能增加”。[30]不同于战略模糊（目标至少有机会正确阅读细枝末节），复杂的战略意外将目标正确猜测即将发生事情的可能性降至最低。尽管人们普遍认为，情报部门由于“缺乏相关信息”而无法预料到突变情况，但与此相反，“在大多数情况下，受害者掌握了大量表明突变迫在眉睫的信息”，如1941年12月7日发生的日本偷袭珍珠港的警告就是一个例子。战略意外的问题往往是，在大量输入的数据中，辨别真实信号和外来干扰信息的能力有限。[31]美国外交决策者似乎特别容易受到信息过载引发的战略意外的影响：“华盛顿高级官员（面临着巨大的负担和相互竞争的要求）最优先考虑的问题可能会完全占据他们的时间和注意力，这使他们几乎不可能关注专业分析者报告的其他问题。”[32]

信息过载还加剧了战略意外的破坏性安全影响。由于发现现有趋势中不连续变化的特殊问题，对安全风险的准确预测可能变得更加困难，因此信息过载可能会增加情报分析员在遭遇突如其来的重大战略变化时的踌躇和犹豫，使他们不能很容易地吸收现有参照系中的转变。这里存在双重危险：一是过度敏感，每一个微小的转变都被不恰当地评估为一个重大的系统冲击；二是敏感性不足，即使是重大的转变也被视为正常的预期，而不值得任何形式的特别关注或审查。考虑到围绕数据解释的不确定性和可接受的全球行为规范的波动，由此为意外的重大变化建立广泛接受和持久的阈值似乎极为困难。因此，今天可能更难达到为意外准备的黄金标准——“采用敏捷灵活的评估模式，不受先入为主的偏见的影响，从而避免意外，促进克制，在克制失败时有效应对，并尽量减少损失。”[33]

最后，信息过载阻碍了意外后的目标反应。传统意外后的防御反应（将更多的资源投入情报收集和分析上）似乎适得其反，因为分析者已经被不确定的相关性数据过载了。这些事后反应在未来改善的前景似乎很低，因为信息过载阻碍了高级官员吸收和使用现场专业人员的数据和分析，以及政治领导人对威胁警告信号作出适当反应。

战略操纵目标

战略上的模糊、欺骗与意外在发起者的头脑中都有明确的目标，类似的这种操纵会在预定目标之间触发明确的保护目标，以尽量减少其影响。虽然每个目标都希望维持对其社会的控制并作出谨慎的选择，但发起人却希望从目标那里夺回控制权并诱导其歪曲自己的决定。图 2.3 总结了对比鲜明的攻防目标。

发起者首选项	目标首选项
·使对手非常确定和果断，在他们认为合理的选择上作出错误的选择。	·通过预先确定对手在何时、何地以及如何发起操纵来防止和限制伤害。
·使对手感到困惑，浪费他们的时间和资源，暴露他们的优势、倾向和目的。	·增强警惕性、防御性准备和应急计划，包括采取先发制人的行动来应对威胁。
·最大化局外人的观点，即任何为操纵的准备都是合法的防卫性准备，而不是非法的进攻性准备。	·延长战略预警的准备时间，使目标有更多的机会考虑如何最好地挫败外方的努力。
·使操作的目标以期望的方式运行，将其非正式地置于发起者的控制之下。	·增加战略发起者对操纵努力结果的不确定性。

图 2.3 进攻性操纵与防御性反应的目标

操纵发起者的进攻性目标

进攻性战略操纵有几个关键目标。最广泛地说，它的目标是“使对手在选择政策时非常确定、非常果断地出错”[34]，以便“使受害者按照我们希望的方式行事”。[35] 这种操纵需要迷惑对手，使他们浪费、误用时间和资源，并无意中暴露他们的优势、倾向和目的。[36] 一个潜在的目标是最大限度地扩大局外人的观点，即任何操纵准备都是合法的防卫性准备，而不是非法的进攻性准备。[37]

关于战略模糊的具体目标，无论是使用模糊的不精确数据还是直接冲突的数据，在理想情况下，“在嘈杂的环境中发出模棱两可的信号，在观察到对信号的最初反应后，可以让行为人对另一方产生怀疑，影响信号的最终效果，从而更好地控制其他人对他的印象”。[38] 模糊性有助于发起者合理地否认可能产生的负面后果或更大的合法性行为：尤其是在西方社会，“安全的模糊性很好地实现了干预的合法化”，即“仍然不清楚是在追求谁的安全，是当地人的安全还是西方社会的安全”。[39] 这种模糊性旨在使准确解释传入的信息变得极其困难，因为“当模糊性和不确定性增加时，信息对竞争性解释变得更加开放，在其中进行选择变得更加复杂”。[40]

关于战略欺骗的具体目标，理想的目标是促进“在对手中形成一种有利于接收者利用的心态”。[41] 这种想法是在目标的头脑中产生一种怀疑，即所收到的信息在多大程度上可以被完全信任为发起者的实际政策。从战术上讲，“欺骗可以很便宜”，因为“几乎不需要在人力和物力上进行投资，而且回报非常高”。[42] 与模糊一样，欺骗发起者必须了解目标如何解读传入的信号；在欺骗的情况下，还需要预先确定哪些类型的故意扭曲或错误的信号被目标认为是最可靠和最不可信的。尽管许多分析人士将欺骗视为在不对称对抗中处于不利地位的人的一种策略，但在许多情况下，似乎“更强大的军事机构必须作出有意识的努力，系统地将欺骗战术纳入其军事思维中”。[43]

关于战略意外的具体目标，发起者的理想目标是通过毫无准备地抓住每一个目标，使自己处于一个更有利的位置，从中获得他们想要的东西，而使目标无法理解正在发生的事情的确切性质。与战略欺骗一样，发起者需要了解目标的信号解释模式和信号可信度确定方式，但在意外情况下，他们还必须能够准确地预测目标对意外冲击的反应。虽然一些观察家认为由于监视技术的进步，战略意外的机会和目标已被迫缩小，但实际上，对目标猝不及防的情况仍然经常发生，并造成巨大的破坏性安全影响。

操纵目标的防御性目的

对方战略操纵的防御性反应的目标与欺骗发起者的目标截然相反。最基本的原则是“目标是通过提前确定公然的或潜在的对手在何时、何地以及如何发起侵略性的军事行动来阻止和限制损害”。[44] 更狭义地说，“目标是协助有关防御性准备和应急计划的决策，包括先发制人的行动以管理潜在威胁的风险”。[45] 关于决策速度，一个关键的防御目标是“延长战略预警的交付时间”，以便目标有更大的机会考虑如何最好地挫败外方的影响。[46] 除了提高警惕外，最微妙的是目标防御可以增加战略发起者对其努力影响目标结果的不确定性。

防御的目的是让目标对战略模糊作出明确的反应，专注于从混乱中创造清晰。由于战略模糊希望使目标情报分析员在识别微妙的沟通细微差别方面陷入困境，目标情报分析人员的主要作用是“从不确定性中提取确定性，并在不连贯的环境中促进连贯的决策”。这项工作很具有挑战性，因为目标情报分析人员通过将模糊数据中的点联系起来从而减少不确定性，他们“冒着过分简化现实的风险，使情报消费者对隐藏在模棱两可之中的危险失去敏感性”，在某种程度上，他们不能解决现有的含糊之处，他们“冒着被恼怒的消费者解雇的风险，因为那些消费者认为他们没有做好自己的工作”。[47] 此外，在“信号不明确，通信系统有噪声”[48] 的情况下，目标先入为主的印象误导对输入信息的解释的这种机会增加了，对于传达的信息，目标的混淆局面往往会加剧。

对战略欺骗的具体反应目标来说，防御目的包括提高防御者在传入通信中识别和区分关键信号的能力，辨别什么是真实的和不真实的，什么是重要的和不重要的。如果没有这种防御努力，“由于在战略预警中区分‘信号’和噪声存在很大困难，有效信息和无效信息都必须在相似的基础上进行处理——实际上，存在的只是干扰信息，而不是信号”。[49] 此外，被欺骗目标最雄心勃勃的目标包括让发起者落入陷阱，泄露重要信息，并对结果感到困惑。最终的目标是让一个欺骗的发起者离开游戏，让他失去相信自己能控制局面、操纵有效的信心。

对战略意外的具体反应目标来说，防御目的包括尽量减少战略意外的创伤影响：对于指定目标，意外可以是“突然的、令人震惊的、创伤性的和羞辱性的”，抓住“受害者最虚弱的时候，暴露和利用他的弱点”。[50] 对于潜在目标，需要全面收集他们所能收集的对方活动预测指标，并为意外后的恢复和改善作好准备，因为“战略意外使受害者不知道对手是否出击以及何时、何地或如何出击”。[51] 意外是“一个国家在战争中可能面临的最大危险之一，这些战争在过去几十年中重塑了国际力量平衡，其中大多数战争都是从意外开始的”。[52] 对于目标反应者来说，这类目标的挑战在于很难正确接收和处理传入的信息，这些信息与之前接收到的信息完全不连续，并且与广泛接受的有关当前趋势的先入为主的观念相矛盾。

战略操纵手段

战略操纵使用各种各样的波动技术来实现其目标。虽然信息爆炸需要发起者和操纵目标双方都作出相当大的调整，但信息爆炸往往会给发起者“带来好处”，使其“成功地利用战略欺骗来达到出其不意的目的”，而给那些试图抵御这种暴露的人带来不利影响。[53] 考虑到进攻已经获得了决定性的（可能不一定是永久性的）优势，从过去的错误中更快地吸取教训，防御通常会感到相当地不堪重负。

特殊情况似乎能提高战略操纵的成功率。根据知觉理论，战略操纵似乎在处理不可捉摸的意图时比在可观察到的能力上更有效。如果可以的话，第三方渠道可以非常有吸引力地将被操纵的信息从发起者传递到目标。最好的战略操纵发起者似乎是那些处于全球等级体系最底层的国家；最好的战略操纵目标似乎是相对安全和自满的国家（而不是那些已经对数据准确性高度怀疑的国家）。事实上，由于大国对主导权的期望和普遍理性，它们往往既是最常见的目标，也是最脆弱的目标；由于对外安全政策的开放性和透明度面临巨大的内部压力，民主大国不仅是最受欢迎的外方操纵目标，而且是最无能的国际操纵发起者。在一个高度警惕的全球环境中，战略操纵不能频繁使用，这样才会更有效，因为过度使用和固定下来的操纵名声会导致全球不信任、不可预测和混乱局面，这会加强目标抵制或挫败操纵努力的准备，并将国际社会中任何有意义的长期合作前景降至最低。

操纵发起者的进攻性手段

战略操纵通常通过以下方式发挥作用：恶化信噪比，降低人们感知真正新发展的能力；促进分心，误导人们的注意力从关键问题上移开，导致分析者将资源浪费在不重要的目的上；抓住易受伤害、不听话、无法预测全球安全风险的目标。具有进攻性的外国操纵通常是通过投射一种“胆大妄为”的非理性形象来发生的，反映出对正在发生的事件“反应过度”的“戏剧性和鲁莽的决定”。当操纵发生在一个国家的势力范围内时，这种模式似乎最有可能成功，至少在一定程度上是为了保护自己的公民，而且可以在意外和地方权力优势持续的情况下迅速巩固。[54] 也许最重要的战略操纵手段是拥有外国目标的背景情报，特别是关于他们心理和组织弱点的情报，[55] 因为每个潜在目标“有自己独特的优势、弱点、潜在或实际的偏见，以及易受操纵的地方”。[56]

寻求战略模糊的具体手段可能需要通过不相连的第三方（目标认为有点不可靠的渠道）或政府代表发言说他们的“个人观点”是某项协议，可能会被其本国政府接受。[57] 如果发起者的目的仅仅是在目标的头脑中确认他已经期望的东西，那么只需要一点点模棱两可的信息；如果目的是让目标改变主意，那么模糊性和确定性的混合信息就必须更加庞大而复杂。[58] 因此，了解目标的先入之见是至关重要的，以便提前了解目标将如何对模糊信号作出解释和反应。如果以外国为目标，发起者的语言虽然包含了变幻莫测的细节，但其主旨可以是大胆和明确的，特别是在加入最后通牒时。值得注意的是，在解释外国政府含糊不清的信号方面，国家领导人往往比普通公民更具优势；在政治领导人理解暗语默示含义的国家中，使用模糊化的目的可能是“不让公众知道信息，因为公众缺乏暗语的要诀”。[59]

战争发起者通常在一开始就有意使用模糊手段来含混地陈述目标，因为战争可能需要动态地修改目标，以响应不断变化的作战条件。例如，美国将军马克斯韦尔·泰勒（Maxwell Taylor）说："官员们通常把外交政策目标概括为和平、繁荣、合作和善意，这些目标都是无可挑剔的理想，但在确定我们可能追求的具体目标以及我们努力的时间、地点和强度时却毫无用处。"[60]当对抗目标最初以模糊和不精确的方式表达时，它们允许后面战略的灵活性，但在指导战术作战方面的价值较低。

说到实施战略欺骗的具体手段，这是一个涵盖许多不同活动的"伞状概念"。[61]欺骗可能需要隐藏、夸大、含糊其词、半真半假和讽刺，[62]误导目标的注意力，使目标为不重要的目的浪费资源，或使其措手不及并毫无准备。[63]欺骗可能通过强化目标的先入之见、改变或创造以前从未有过的新信念来起作用。[64]欺骗性的推动力可能包括能力、意图、时间、地点、努力程度和执行方式。[65]欺骗可能利用"泄密、植入信息或诱饵来制造事实并非如此的印象"。[66]在交流渠道方面，情报机构有时恶意地、秘密地向外交决策者传递"腐败"信息，有时"使用不太秘密的交流方式"，包括"媒体（电视、广播、互联网）渠道、外交互动、学术交流和国际旅游"。[67]使用这些方法，"警示问题的任何一个方面都不像欺骗那样不可预测，但其影响却具有潜在的破坏性"。[68]

有些情况也会促进战略欺骗。涉及无形要素的安全问题似乎比涉及有形要素的安全问题更容易受到影响。网络空间非常有利于欺骗，这对于发动网络攻击、掩盖其身份、阻碍精确归属以及掩盖用于穿透目标的特定技术至关重要。[69]欺骗最好用于短期目的。在当今这个漏洞百出的世界里，维持长期保密状态是很困难的，因为跨国监督组织（包括愤怒的计算机黑客）的激增会暴露欺骗行为并影响安全议程。全球玩家被广泛认为是不可信的，可能是因为过去过度使用了欺骗手段，在欺骗之初就处于不利地位，因为"一个人越有诚实的名声，当你想撒谎的时候就越容易说谎"。[70]

最后，我们来检验贯彻战略意外的具体手段。在操作上它有许多不同的方面，正如美国微观经济学家托马斯·谢林（Thomas Schelling）生动地指出：

> 意外，当它发生在一个政府身上时，很可能是一件复杂、分散、官僚化的事情。它包括对责任的忽视，但也包括责任界定不清或授权模糊，以至于行动失去了意义。它包括情报上的差距，但也包括情报（就像一串太珍贵而不能戴的珍珠）太敏感而不能给需要它的人。它包括无法工作的警报，但也包括因为经常响起而被彻底关闭的警报。它包括一个不警惕的看守人，但也包括一个知道如果他从非常规渠道得到权限而会被上级训斥的人。它包括不发生在任何人身上的意外事件，也包括每个人都认为其他人正在处理的意外事件。它包括直接的拖延，但也包括因内部分歧而拖延的决定。[71]

没有预料到的可能不仅仅是重大事件的发生——“历史上充满了这样的例子，即对手对袭击的时间、强度或地点感到意外，即使袭击本身是预料到的或被认为是可能的。”[72]

发起者使用战略意外的需求与他们的军事优势或他们遭受目标报复的风险成反比，[73]这使这种方法对弱国最为关键。因此，如果战略意外挫败了大国，而意外往往会削弱强大的军事力量的能力，[74]全球的“失望和怨恨就可能会发生”。[75]然而，尽管战略突袭对较小的一方具有吸引力（特别是当攻击涉及短距离或不需要大量事先准备时[76]），但“真正的突然袭击如今非常罕见（至少在战略层面上是如此），原因很简单，动员大规模军事力量毕竟是一项艰巨的任务，难以隐藏”。[77]尽管如此，当突然袭击确实发生时，它们可能是毁灭性的——促进战略意外的技术发展也大大缩短了目标和确定战争结果的预警时间，从而威胁到国家的生存。[78]

操纵目标的防御手段

应对外国操纵的防御手段通常是低调的，试图避免对外国势力企图的确切起源、意图和影响妄下结论。为了保持公众对目标政体的信心，避免随后出现任何不稳定状况，政治领导人往往会淡化严重干扰性、长期破坏性的外国操纵后果。这种低调的防御反应背后的根本目的是维持目标的主权、自决权和政治独立感。然而，有时把外国操纵的破坏性影响最小化公开可能适得其反；目标官员悲观主义的宿命论可能会导致国家政策瘫痪，削弱政治领导人对早期预警信号作出适当反应的机会，并引发公民和国际社会对其疏忽大意的愤怒。

防御反应，特别是对战略模糊的反应，在某种程度上取决于目标。国家政府对发起者含糊不清的典型反应是试图找到更多的情报指标，为如何正确解释收到的模糊信息提供线索。公众对发起者模棱两可的典型反应，尤其是在个体公民因此而成为受害者之后，通常要求国家政府在手段和目的上更加明确和透明，因为公民期望了解关于国家政权如何应对威胁的准确、完整的细节。

使防御目标的反应复杂化的是在区分非法外国威胁和合法国际交易方面存在模糊性，这通常是由进攻发起者直接造成和推动的。例如，在评估人员、货物和服务的跨国流动时，这种战略模糊阻碍了对非法活动目标的分隔；由于跨国犯罪分子、恐怖分子和无赖国家的操纵努力，“区分防御性武器与进攻性武器、合法难民与非法移民、非处方兴奋剂（如酒精、烟草和咖啡）与非法药物、‘安全’物质与危险品、致命疾病与轻微疾病、思想的自由传播与信息中断，这些在各国政府及其公民和整个国际社会的眼中，都有相当大的模糊性”。[79] 同时，对国家和非国家操纵犯罪者的目标识别也存在模糊性：不同国家对跨国恐怖分子和罪犯的标签不同，这些群体往往尽最大努力加强标签的模糊性，并在无形中融入普通民众，以避免被逮捕和起诉。这种模棱两可的态度会使不受约束的破坏性力量变得强大，这些力量能够感知旁观者的解释中存在的巨大差异，并随后试图最大限度地利用这些差异。[80]

对于防御反应来说，特别是关于战略欺骗，目标可以在攻击结果上欺骗攻击者，而不是由攻击者在攻击来源上欺骗目标。[81] 目标最佳的反欺骗模式之一是“欺骗攻击者使其自我暴露”。[82] 通过创造“一个攻击者从未见过的独特环境”，使其感到困惑，不得不努力获取情报，又对获得的数据的可信度不确定，并“被迫浪费时间，走入数字陷阱”，泄露关于其“身份和意图的信息”。[83] 例如，在网络空间，目标可以通过“蜜罐”（利用迷惑的真实计算机环境来吸引入侵者的陷阱）等转移注意力的机制制造这种混乱。通过“蜜罐”，目标可以监控攻击者窃取的内容，并获得有关其动机和身份的线索。[84] 通过这些欺骗性目标机制，一个无用的数据库可以变得“看起来很有吸引力，以此来劝说犯罪者浪费时间翻找，并向防御者暴露他们的网络技术，从而用错误的信息迷惑犯罪者，或许还能让犯罪者‘满意地（其实是错误地）’离开系统”。[85] 通过使用错误的损害报告，目标可以进一步混淆欺骗发起者关于攻击结果的看法，使犯罪者“只能够看到支持防御者希望展现图像所必需的内容”[86]。

尽管存在普遍易受欺骗的弱点，但是在那些本身是“尖端艺术实践者”的官员当中，[87] 有些目标比其他目标更容易受到欺骗，也更难以应对。值得注意的是，“民主国家可能更容易受到欺骗，开放社会不可否认地更难实施欺骗行为”，[88] 因为专制国家“善于欺骗和操纵信息”是“其社会的封闭性促成的”。[89] 美国似乎经常成为外国欺骗的受害者，通常被在直接军事对抗中缺乏获胜能力的对手视为“一种不对称战争”：[90] 战略欺骗“对美国构成巨大危险”，而美国在应对这一威胁方面不够专注和熟练，[91] 跨国的非法、非国家组织，如罪犯、叛乱分子和恐怖分子靠战略欺骗而猖獗，因为“所有人都必须寻求掩护才能有效行动”，[92] 即使许多人“很少有资源、时间或机会进行战略欺骗计划”。[93]

在专门针对战略意外的防御反应中，尽管下意识的目标反应是将更多的资源投入情报收集和分析中，[94] 但这有时具有误导性，因为意外往往不是由于数据不足造成的。例如，最近一项重要的战略意外实证研究得出结论：“高级官员未能吸收和利用该领域专业人员提供的信息和分析，比缺少或者使用错误的情报更有助于制造战略意外。”[95] 而“普遍的看法是——意外发生是因为情报部门没有发出警告”，通常“情报部门在收集指示信号方面的失败只是造成意外的次要因素”，因为“受害者国家的领导人被警告说对手正在集结攻击能力，但他们对警告的反应并不像事后证明的那样必要”。[96]

至于最容易受到战略意外影响的目标，大国似乎更具吸引力，因为它们致命的火力优势使其很难被其他国家征服。西方国家似乎也非常脆弱，反应迟缓，当发现其先进的预警系统失灵或对手的行动不符合其合理推断时，往往会目瞪口呆，措手不及。[97]美国是一个具有吸引力的涉外突袭目标，尤其是“当它偶尔将外交注意力集中在那些被认为具有直接战略价值的国家，并且只与精英人士接触时”。[98]

战略操纵的成本与收益分析

尽管信息过载通常有助于战略操纵，但即使在这种非常有利的情况下，操纵也会带来成本和收益的混合状态。例如，战略模糊可能是“焦虑的根源，而决策者试图减少这种焦虑”，或者“有利于保持乐观和希望，或防止行动过早结束”。[99]因此，战略操纵的效用取决于识别收益大于成本的情况。

战略操纵的成本分析

以下是战略操纵的一般缺点：

- 如果对同一目标重复使用、以相同方式使用或以过于极端的形式应用，战略操纵的影响会随着时间的推移而降低。
- 它会削弱公民在民主社会中目睹明确和透明决策的权利。
- 它会降低承诺的可信度，降低与理想的全球伙伴结成有意义联盟的可能。
- 它会降低安全策略决策的责任性，并增加似是而非的推诿事件的发生概率。
- 它会削弱国家和非国家组织之间合法政治权力的清晰划分。
- 它会降低政府官员优先考虑安全目标和威胁的能力，以及外界理解这种优先考虑的能力。

· 它会降低制定有意义的政治、经济和社会可接受准则的能力。

如果发起者对外国目标使用不当的战略操纵，可能会导致难堪、蒙羞和全球地位的丧失，阻碍信任和联盟关系，有时甚至产生“相对的外交孤立”局面。[100] 如果操纵失败的原因是目标对外国势力的企图作出了恰当的反应，那么这些受害者就可以在复原力和顺利运作的外交政策方面获得实质性的回报。

战略模糊的具体成本是它可能会加剧冲突，因为它可能会导致政治领导人对交流的意义或实际发生的事情产生不确定判断，“阻止通过交换使双方都能够达成妥协的信号”和“在谈判者中制造重大的不幸和意外的误解”。[101] 如果争端各方达成协议，模糊会因为不同的解释而降低其价值：流行但模糊的术语，如国家安全，“对不同的人来说可能不是同一回事”。事实上，“虽然这些术语似乎为广泛的共识提供了指导和基础，但它们可能允许每个人给自己喜欢的政策贴上一个吸引人的，甚至可能带有欺骗性的名字”。[102] 考虑到双方通常会夸大他们沟通的清晰性和适当性，[103] 他们往往低估了目标可能看到的模糊性以及由此产生的解释差异性，因此，当误解和怨恨接踵而来时，如当双方的敌对反应被视为过度反应时，他们就会变得相当困惑。“模棱两可的信号，‘未经证实’的报道，以及所谓的‘狼来了’综合征，往往会降低人们对预警预测的信心。”[104] 对安全问题的根源模棱两可（每一方都声称自己没有真正的责任）可能会导致通过徒劳地指责是谁的责任来解决问题和增强“各国政府面临的难以控制的压力”，[105] 围绕国家和非国家武装组织之间权力划分的模糊性“可能削弱对他们的行为严格负责的能力”。[106] 通常来说，允许剥削未受保护群体这种侵蚀公民社会的根源之一，可能是对社会价值的系统性含糊不清——不仅是对个人和国家权利的不确定，而且是对地方性群体和跨国群体权利的不确定。[107]

关于战略欺骗的具体成本，当在政治敏感领域被揭露时，信任、发起人与目标之间的关系都会降级：

许多需要成功对抗低强度威胁的行动得保密，有时还得靠欺骗来掩盖政治敏感的训练和部署……因此，政府的反叛乱机构从事这种有效但在道德和政治上模棱两可的行动或从事对公众隐瞒的“肮脏把戏”是很具有吸引力的。如果这些“政府机密”被曝光，对统治这个民主国家的政客来说，代价无疑是高昂的。[108]

“国家安全事务中的不透明或欺骗行为（特别是在政府对这些暴力的非国家组织的政策背景下）很容易适得其反，使一个国家在其公民眼中几乎没有信誉。”[109] 当操纵者成为自己制定的策略的受害者时，他们会特别恼怒，[110] 而不加掩饰的政治领导人的谎言所带来的负面影响也不会很快消失。[111] 如果对本国人民过度使用欺骗手段，甚至可能导致政权崩溃。针对各国政府的多次社会动乱表明，“只给人民提供压迫和错觉的政权最终会在其无能、腐败和自欺欺人的重压下崩溃”。[112] 一般来说，一旦国际信任受到侵蚀，欺骗手段可能就会升级，跨组织谈判可能会受到阻碍，因为“即使在双方都最有利的情况下，行为体也无法交换信息”。[113] 如果不加区别地使用欺骗手段，“这可能会危及信誉、联盟和最终的全球生存”。[114]

关于战略意外的具体代价，它的发起可能具有很高的风险，不仅在发起者和目标之间的关系上，而且在整个国际社会内部，都会降低可预测的稳定性。随着时间的推移，过分依赖反复的战略意外作为实现安全目标的手段可能是危险的。例如，这可能会导致战略意外目标的监管过度，使未来很难实施此类操纵，而国际社会可能会怀疑这些发起人有什么不足之处，从而不断促使战略意外的应用。围绕战略意外的一般成本包括以下几种可能：（1）事先向目标泄露秘密计划；（2）适得其反的后果，即事先与盟国或国内公民协商的信任度降低；（3）对每个人都不利的多方突然干扰的刺激—反应循环。由于过度自信，当意外的结果接踵而来时，使用意外力量的发起者往往会感到沮丧。值得注意的是，“意外往往以灾难性的失败告终，因为采取主动行动的一方在几个方面都计算错误”，如“它导致冲突中的弱方达到真正超出自己能力范围的目标，或者让他们忘记当意外的影响消散时，战争的辩证法会以复仇的方式回归”。[115] 如果旁观者在一开始就不认同发起人的看法，他们可能会认为这样一个发起者由于误解了当前的困境而天真或无知。对于战略目标来说，除了在没有意识到迫在眉睫的威胁的情况下难堪外，他们很可能（因为单凭主观愿望的想法）被破坏范围大、后果不稳定以及无法有效应对的可怕后果所震惊。届时，公民对目标国政府保护他们免受来袭威胁的能力的信心将急剧下降。

战略操纵的效益分析

相比之下，以下是战略操纵的一般优势：

- 它可以借助信息过载被增强的误解，产生有建设性的错觉，从而促进全球和平、稳定和容忍。
- 它可以增强政策的灵活性，留下广泛的政策选择余地，并从跳出思维定式的安全策略中获得好处。
- 它可以促进利益对立的各方达成妥协协议，否则这些利益方很难找到共同点。
- 它可以通过使冲突各方对积极的安全结果产生怀疑，从而有助于拯救生命和避免血腥对抗。
- 它可以在不平衡的国际对抗中起到平衡器的作用，为弱小的政党提供一个与军事优势对手对抗的机会。
- 它会阻碍或减缓目标决策的速度，并降低目标对所采取政策是否适当的信心。
- 它可以提供一种保护措施，防止有关必须保密的预期安全计划的毁灭性披露。

如果对外国目标适当运用战略操纵，可以为今后追求国家利益开辟道路。如果操纵的成功是由于目标对外来影响的不当处理，那么目标很可能失去社会控制和内外部的尊重。

关于战略模糊的具体好处，即让目标对正在发生的事情持怀疑态度，可以让发起者“同时打开多条路径，在不会严重危及与所发送的消息相矛盾的情况下启动对话，如果对方的反应是对其不利的，发起者将会希望推动这项操作”。[116] 尤其是在敌对关系中，当存在对立的利益时，模糊性有助于促进共存，防止他们为特定反应作准备，并允许双方随心所欲地玩转结果。因此，提供不明确的信息比提供明确的信息能给发起者更多的灵活性。此外，如果一个人希望阻止目标对自己的主动性作出快速反应，“产生模糊的战术……几乎总是成功地产生拖延——推迟适当的决定”。[117] 当弱国与大国发生不对称冲突时，模糊会削弱军事实力的价值，伴随的挑战是分析“在不明确的情况下维持军事力量的效用，尤其是当对手发现在物理上、道德上、法律上和政治上复杂的环境中使用持久战可以提供保护时”。[118] 当大国相互对峙时，战略模糊可能是“使自己处于避免作出令人厌恶的选择”的最佳政策。[119] 如果用于发起具有高度争议性的行动（这些行动确切的来源仍然难以确信），则可以成功利用第三方的模糊性、不一致性和似是而非的可否认性，[120] 特别是在网络空间里。[121] 通常来说，模糊性可以使发起人获得显而易见的优势，而不必实际披露其预期安全计划的重要细节，因为需要确保敏感信息和暗中威胁反应的保密。[122]

关于战略欺骗的具体好处，也许它的核心价值在于它以一种“相对廉价”[124] 的方式“拯救了生命”。[123] “即使是低水平的欺骗手段，也会通过威胁各种替代选择，制造出足够的不确定性，分散最狡猾的对手的注意力，迫使他要么分散自己的精力，要么赌自己是对的。”[125] 在强制对抗中，无论对手是否实力相当，欺骗都是有价值的。

> 在战争中放弃使用欺骗手段会削弱自己的力量。因此，当战争中所有其他力量要素大致相当时，欺骗将进一步扩大一个国家的可用实力，或使其能够通过以较低的成本、较低的代价更快地取得胜利，或者使其

> 更高效地使用武力。在对手实力不相当的情况下，欺骗（和意外）可以帮助较弱的一方弥补其数量上或其他方面的不足。[126]

在军事事务中，欺骗往往比在其他地方“获得更大的成就和成功”，[127] 如在进行政治敏感的训练和部署时，或者在面临压倒性的困难需要确保生存时。

关于战略意外的具体好处，在外交领域，采取出其不意的选择有时会导致各方达成迅速妥协的协议。在军事领域，突然袭击可以带来巨大的利益，并往往导致决定性的胜利：

> 从军事角度来看，实现战略意外所带来的优势是无价的。一次成功的非预期攻击将有助于以较低的成本摧毁对手相当大一部分的部队，从而使原本强大的防御心理摇摇欲坠，从而暂时降低对手的抵抗力。在补偿攻击者较弱的位置时，它将充当一个力量倍增器，显著地逆转有利于攻击者的力量比例。[128]

在意外中首先使用武力有许多好处：

> 等到其他政策失效后再采取行动，可能会限制或丧失有效使用武力的机会。时间的流逝可能意味着失去意外和主动权，同时给对手提供了为即将到来的战斗作好军事和政治准备的机会。此外，等外交手段或经济制裁发挥作用时，往往会使人民和其他利益受到严重影响。[129]

在这种情况下，通常被视为谨慎的耐心会让对手有太多的时间来预测和准备即将到来的攻击，从而降低成功的可能性。

战略操纵的成本效益平衡评估

回顾本书中确定的重大成本和收益，并不能在信息过载的情况下得出战略操纵总体效用的全面结论。相反，无论是考虑到战略模糊、战略欺骗，还是战略意外，效用显然都是间接的，根据情况的不同而不同，这在本章中有概念上的暗示，在第四章中有经验上的明确。然而，在当今世界，对外国目标进行战略操纵构成了一个高风险、高回报的命题，即可能取得的建设性成果是巨大的，但可能造成的灾难性后果同样是巨大的。因此，在从事此类信息和通信侵权行为以及应对此类侵权行为时，极端谨慎是绝对必要的。

第三章　全球数据冲击案例研究

本章选定的七个案例重点研究了应对全球数据冲击的独特安全挑战，包括使用进攻性操纵的发起人和在信息过载情况下防御操纵的目标。这些案例是按主题组织的——不管发起者表现出的主要操纵形式是战略模糊、欺骗还是意外。战略模糊的典型案例是 2017 年美国前总统特朗普外交安全的政策风格、2016 年英国“脱欧”投票退出欧盟，以及 2002~2003 年伊拉克未发现大规模杀伤性武器；战略欺骗的典型案例是 2011 年的日本福岛核灾难；战略意外的典型案例是 2007 年以色列对叙利亚阿尔基巴尔核电站的袭击、2001 年“基地”组织对美国的恐怖袭击，以及 1990 年伊拉克对科威特的袭击。尽管每一个案子都迫不得已地建立在一些零碎的证据上，但本章尽一切努力挖掘有关关键见解的多种信息来源，以提高调研结果的有效性和可靠性，并就信息过载和战略操纵的安全影响得出平衡和冷静的结论。虽然肯定不全面，但这些案例经过精心的挑选，在地理位置类型、信息过载、战略操纵和防御反应方面代表了一整套全球数据冲击模式。

每个案例都以并行方式呈现，结构如下：

· 对模糊、欺骗和（或）意外的事件描述（发起者、目标、使用的模糊/欺骗/意外的类型和应用日期）。

- 信息过载在触发或改变模糊、欺骗和（或）意外方面的作用。
- 发起人对进攻性模糊、欺骗和（或）意外的理由与目的，以及目标对其防御反应的理由与目的。
- 在发起者、目标和全球社会的眼中模糊、欺骗和（或）意外政策的短期有效性和长期有效性。
- 在发起者、目标和全球社会眼中的模糊、欺骗和（或）意外感知上的合法性。
- 模糊、欺骗和（或）意外的短期和长期的安全后果。
- 为未来管理模糊、欺骗和（或）意外事件的发起者和目标提供的经验教训。

这种并行案例处理旨在促进跨案例的比较分析，突出与信息过载下的战略模糊、欺骗与意外相关的总体模式，尽管这些操纵技巧涉及不同社会，并以不同方式使用大量的有细微差别、不易察觉和无形的交流形式。

这些案例既涉及操纵成功也涉及操纵失败，因此在信息过载的情况下，欺骗与意外会在最好的和最坏的情况下显露出一些深刻见解。正如预期的那样，操纵发起人和操纵目标的成功之间存在一种相反的关系，即有助于进攻的成功，而往往导致防御的失败。具有讽刺意味的是，通常可以从失败和成功的经验中收集到尽可能多的关于所需安全政策改进的线索。这些案例的研究结果将从发起人进攻行动和目标防御反应的角度，提出在信息过载的情况下改进外国操纵管理的建议。关于改进的建议，至关重要的是在每个案例结束时总结的经验教训，这些经验教训强调了：（1）在出现预期结果的案例中，哪些因素对实现预期结果至关重要；（2）如果在预期结果受阻的案例中采取了适当的步骤，哪些因素可能会将失败扭转为成功。

战略模糊案例

2017 年美国前总统特朗普的外交安全政策风格

美国前总统唐纳德·特朗普的外交安全政策有一个中心主旨："特朗普政府致力于以美国利益和美国国家安全为重点的外交政策。"[1] 在他的竞选演说之后，他声称把美国的安全利益置于一切之上，从而"使美国再次伟大起来"。特朗普支持政治、军事和经济上的"民族主义而非国际合作"，[2] 为了达到这一目的，他恢复了前总统罗纳德·里根（Ronald Reagan）的"以实力求和平"的理念，将其作为外交政策的中心，并相信"世界将更加和平繁荣，会有一个更强大、更受尊重的美国"。[3] 他的外交政策的首要任务是以安全为导向，包括击败恐怖组织，重建美国的军事能力。[4] 特朗普赢得 2016 年总统大选，部分原因是"他感到公众希望在不丧失民族优越感、自信感的兴奋状态下减轻美国在全球事务中的负担"。[5]

模糊、欺骗和（或）意外的事件描述　唐纳德·特朗普在 2016 年竞选美国总统，2017 年 1 月当选并就任总统后，他的外交安全政策声明和行动在美国公民和外国观察家眼中始终是模糊的。这种模糊性的使用，包括看似矛盾的声明和行动、突然的政策逆转以及有广泛不同解释的模糊预告。这些似乎是有意的，也是战略性的。

特朗普对不可预测性理论的决心是多么地明目张胆和开放，这使得这一战略模糊政策在世界各国领导人眼中不同寻常，或许是前所未有的：

> 逆转和转变并非史无前例。新政府经常调整政策，以应对国际事务的复杂现实或国内政治的变化趋势。但这些人中很少有人像特朗普政府那样公开赞扬不可预测性或肆意地自相矛盾。特朗普及其支持者认为，以变幻莫测著称会让其他人在与美国闹翻之前三思而后行。[6]

特朗普的战略模糊形式是：你在谈判中不要早出手，如果参与谈判的其他人不知道你会做什么，那你就表现出什么都愿意做，这样你就占据了优势。[7] 尽管“模糊性在外交中始终占有一席之地”，但特朗普对此作出补充：“对国际关系的自由处理方式”反映了“对规范和礼节的漠视，冲动的天性和作出自相矛盾声明的倾向”。[8] 尽管一些观察家对这种模糊性感到困惑，也有人认为这只是一种修辞手法，而不是外交政策策略，但这种模糊似乎是一种事先形成的计划。

特朗普虽然不像他的战略模糊政策那样具有前沿性和中心性，但他也有意识地利用不可预测性来推动战略意外。不可预测性理论在逻辑上意味着通过战略意外来推进自己的议程。

信息过载在触发或改变模糊、欺骗和（或）意外中的作用　主要得益于互联网和社交媒体网站的空前作用，在 2016 年美国总统竞选期间，美国公众收到了比美国历史上任何时候都要多的关于两位对立候选人（民主党人希拉里·克林顿和共和党人唐纳德·特朗普）的信息。所收到的信息大多可信度存疑，尽管存在所谓的事实核查组织，但依旧很难确定信息可信度，因此，许多情况的核查结果是公众的普遍困惑和对“假新闻”的交叉指责。有声望的美国电视新闻节目《60 分钟》总结说：“在上一次（2016 年）选举中，美国遭到冒充记者的骗子的袭击，他们用左右两面的谎言毒害了对话。”[9]

2017 年 1 月特朗普就任后，媒体发布的对其外交安全言行的激烈冲突的新闻报道和解读持续不断，而他自己故意使用战略模糊和意外的手段，则加强了这种冲击。特朗普似乎理解信息过载，知道如何在新兴的信息环境中运作。由于对特朗普外交安全政策表现的评估往往得出截然相反的结论，这加剧了美国国内和国外对其政策的一致性和可信性（包括其内容、相互联系和目标）的混淆和误解。

对唐纳德·特朗普外交安全政策普遍存在误解，主要是由于这些政策在信息过载下的新颖性、矛盾性和模糊性（其感知的不一致性）造成的。外界普遍认为特朗普是“机会主义者，他会随机应变，不断补充自己的观点，但如果仔细阅读他30年来的一些言论，就会发现他有一个非常连贯一致的世界观，这种世界观不太可能随着时间的推移而发生太大变化”。[10] 事实上，“仔细阅读特朗普的发言”就会发现，“特朗普在政策立场上并不一定摇摆不定”，“主要是对他的言论所作的推断与他实际所说的不一致”。[11] 特朗普“利用了交流的变幻莫测”，因为他那些夸夸其谈并不是真的。[12] 因此，“在狂妄之下，自负和作秀是一个几十年来一直与美国外交政策有矛盾的人考虑已久的世界观，特朗普对美国的全球角色深思熟虑，他知道自己想做什么”。[13] 人们当然可以强烈反对特朗普的外交安全主张，但这些主张并不像最初看起来那样随机或随意。

模糊、欺骗和（或）意外的理由与目的 特朗普利用战略上的含糊不清和出其不意，旨在迷惑国内反对者和国外对手。在当选总统前后，特朗普“喜欢发出混杂的信号（或者用特朗普喜欢的术语来说，他崇拜国内和外交政策中的‘不可预测性’）”。这已经被“提升到政治学说的地位”：[14]

> 特朗普在整个竞选期间承诺，他将成为一个更“不可预测”的统帅，并指责奥巴马让美国的对手能够预测美国的战略。“我们完全可以被预测”，特朗普在2016年4月发表外交政策讲话时说，“我们什么都说，我们要派军队？我们告诉他们我们要派送别的东西吗？我们有个新闻发布会。我们必须得让人难以捉摸，而且我们必须从现在开始变得变幻莫测”。[15]

奥巴马有意将外交安全政策的可预见性、谨慎性和协作性最大化，因为他相信这将促进全球稳定、和平与合作。与奥巴马不同，特朗普强烈争辩称，不可预测性使对手在准备和应对美国外交安全政策举措方面保持警觉，从而大大提高了这些政策成功的概率。

模糊、欺骗和（或）意外的政策效力 针对特朗普有意在外交安全政策上采取模糊和意外的做法，外界对其政策效力的评估明显存在分歧。

> 作为总统，模糊是一种高风险的理论，尤其是在外交政策方面，特朗普对每一个对手都可能试图保持领先优势，他可能会引起依赖美国清晰和稳定的盟友的困惑和焦虑。来自华盛顿的混杂信息也可能引发国外的不理智反应，这将涉及广泛的经济或安全问题。[16]

无论是支持还是反对特朗普模糊政策价值的观点，都充满了强烈的情绪色彩，对短期利益的乐观情绪高于对长期利益的乐观情绪。

从积极的一面来看，特朗普战略模糊和意外策略的支持者宣称这是一个巨大的成功：

> 关于外交事务……特朗普在战略上的模糊性给了他在行政记分卡上无法量化的东西，比任何一项协议或行动都更有价值。它为他们提供了外交空间，可以通过谈判解决世界上一些最棘手的挑战。他在外交事务中表现出总体战略模糊性和缺乏刚性的特点为解决困扰历届美国总统政府的问题提供了机会。特朗普通过号召盟友并对对手表现出开放态度，让世界时刻保持着他喜欢的样子。[17]

甚至怀疑论者有时也承认，至少未来有可能利用这种外交安全政策：

> 美国高级官员一直在思考特朗普无视先例的优势……探讨这种看似鲁莽的做法是否会为美国外交打开发展的可能性。几位著名的外交政策分析人士认为，对美国在海外可能采取的行动制造模棱两可和不确定性是有好处的，特别是在奥巴马政府实施多年的审慎和可预测的政策之后。[18]

其中一些怀疑论者试图找出特朗普战略模糊和意外的策略在某些特定的

有限情况下可能最有用：

在某些情况下，这可能有利于美国的政策制定者。如果华盛顿想威慑一个对手，但实际上又不想使用武力，那么让威胁模棱两可就降低了让步的政治成本，阻止国内的对手指责你不敢执行所谓的红线。如果目标是阻止对手采取任何挑衅步骤，甚至是那些你认为不值得使用武力或制裁的人，那么采取一些不可预测性的措施来引发回应可能是个好主意。[19]

具有讽刺意味的是，尽管特朗普的外交政策团队构成中存在模糊和意外的变化，但其支持者认为特朗普的外交政策显示出相当大的决心：

总体而言，特朗普的外交政策团队正表现出对道德、战略和军事威胁的关注，并愿意施加道德、战略、军事以及经济压力来应对这些威胁。特朗普利用美国的权力和领导地位，从其他国家获取让步，这些让美国政府的外交政策有了一个不一样的开端。[20]

特朗普做法的一个明显特点是能够迅速采取行动，并在必要时改变路线。例如，2017 年 4 月初，叙利亚总统巴沙尔·阿萨德（Bashar al-Assad）在反对派控制的地区投掷化学武器，对此前总统特朗普立即回应，向叙利亚发射 59 枚战斧导弹：

在美国被动了六年之后，现在到了极限，美国将对其采取措施……此外，美国迅速的反应向更广泛的世界传递了一个信息：奥巴马走了。再也没有详细的取证调查了。[21]

因此，在这种观点下，“尽管特朗普在国内战线上遇到了种种障碍和阻力，但他和他的非传统国家安全团队在他上任的前 100 天里对外交政策的过程和行为产生了间接影响，这一点几乎没有争议”。[22]

从消极的一面来看，反对特朗普模棱两可和出人意料的政策的人声称，这是一次极度的失败，尤其是对于美国在海外的盟友。基于模棱两可的外交政策战略历来受到诟病：

> 总统……显然更喜欢变幻莫测。这可以作为一种手段，但不是一种策略。使对手失去平衡是有用的，但让朋友和盟友失去平衡就不那么有用了。他们判断这些帮助越不稳定，他们就越可能决定为自己着想，无视华盛顿的要求，并考虑一些保护他们自身利益的附带交易。频繁的政策逆转，即使是受欢迎的政策逆转，也会对美国的信誉和声誉的可靠性造成重大损失。[23]

一位持怀疑态度的观察家警告说，这种做法“可能会在盟国之间制造恐慌，尽管它增强了对对手的威慑力”。[24] 另一位评论家认为，“在战争、体育比赛甚至真人秀中，不可预测性让对手（和观众）保持警觉是有道理的，但在友谊中，这是致命的”，因为“没有人想要一个核心外交原则破碎的朋友”。[25] 还有一些人认为，“特朗普的不可预测性往往会破坏强制性外交原则”，[26] 有时会特别批评他的某些政策。[27] 此外，一些分析人士认为，特朗普政府对战略模糊的价值过于自信：

> 总统和他的顾问们，其中一些人显然喜欢（模棱两可的）迷雾……似乎可以想象，这将有助于他们执政，就像帮助他们获胜那样。他们不应该这么自信。对立法者来说，太多的迷雾是不合理的。对选民来说，这是导致神经衰弱的原因。对盟国来说，这令人困惑；对对手来说，这似乎是一个机会。[28]

许多直言不讳的批评人士对战略模糊政策表示反对，因为“模棱两可可能会鼓励对手探究你的决心，测试你的利益范围，同时让明确表达某一举动过了头的说法更加困难，而且这样做确实会招致报复”，[29] 许多人强烈主张，外交安全政策的模糊和意外最终将不得不被放弃。

模糊、欺骗和（或）意外的感知合法性 外界普遍质疑特朗普外交安全政策模糊与战略意外的合法性。即使在他的政府内部，到 2017 年 7 月，未经授权频繁把信息泄露给媒体也招致了一些不满。[30] 这种对内部和外部合法性担忧的根源在于民主体制内公开透明的期望——在民主体制内，立法者、选民和外国盟友都至少了解当前和未来外交安全政策的一般指导方针和方向。正如一位媒体评论员所说，“在外交政策上，每个美国人都应该要求总统提供可预测性和透明度”，因为“美国国家安全有赖于此”。[31] 不过，至少在最初阶段，这种模棱两可的外交安全政策暂时增加了特朗普截至 2017 年 4 月的民众认可度——“特朗普的对抗性、即兴处理外交事务的做法，让他近几天的财富和民意调查数据都有所提升。”[32] 然而，自那以后，他的支持率直线下降。

随着时间的推移，许多大众媒体对于特朗普外交安全政策的模棱两可和令人意外的看法似乎发生了变化。在总统大选的竞选初期，媒体似乎对这种不同寻常的模式着迷：“在竞选过程中，媒体喜欢唐纳德·特朗普的不可预测性——这个古怪的候选人下一步会怎么做？”[33] 然而在特朗普就任总统后不久，许多媒体分析人士转而批评，声称“不可预测性不是一种力量”，因为“对于美国这样一个大国来说，它是不稳定的、混乱的以及对美国海外利益的自我伤害”。[34] 尽管媒体在竞选期间对候选人夸张的容忍度通常高于在任国家元首，但对特朗普外交安全政策合法性立场的这一戏剧性转变，媒体没有给出具体解释。

模糊、欺骗和（或）意外的意外后果 正如批评人士所预测的那样，特朗普在外交安全政策中使用模糊和意外的手段，一个关键的意外后果是美国在几个关键盟友之间迅速失去信任。这一点在怀疑现有的承诺、承诺是否能够兑现以及未来的安排是否能够规划的问题上得到了证明。“焦虑的盟友们说不可预测性或许最好用不连贯性来描述”——自上任后，特朗普“曾与其他国家的元首们举行过会议”，但“在某些情况下，这些会议只增加了人们的疑虑，即特朗普是否清楚地意识到他打算采取什么样的美国外交政策”。[35] 举一个混乱状况的例子，发生在 2017 年 3 月特朗普和德国前总理安格拉·默克尔（Angela Merkel）在白宫举行的会议上：

> 默克尔试图把特朗普牵制在美国贸易伙伴最关心的一个问题上：提议对进口商品征收“边境调整税”。“别担心”，特朗普并拢大拇指和食指对默克尔说，“只会有一点点。”特朗普轻快的回答和默克尔的恼怒一直是华盛顿和欧洲外交界谈论的话题。[36]

私下里，许多驻扎在华盛顿特区的外国大使“抱怨（当然，是在外交方面）沟通渠道的薄弱使他们难以向本国首都的官员解释美国的意图”，“给传统牢固的联盟带来压力”。[37] 正如一位外交官说的那样：“美国人如此不可预测，这是相当令人苦恼的——不可预测性是最糟糕的。”[38] 尽管盟国信任的丧失毫无疑问是无意的，但在许多方面这并不令人意外，因为特朗普的一个关键外交安全政策是假设美国正被其盟友利用，宁愿“美国不必保卫其他国家，但是如果美国这样做了，他希望得到尽可能多的报酬”。[39]

未来管理模糊、欺骗和（或）意外的经验教训 第一个教训是，外交安全政策风格的意外戏剧性转变可能不会普遍适得其反。大多数观察家过于迅速地将模糊和意外视为有用的外交政策工具，忽视了对战略操纵在合作和冲突关系中的有效性的大量理论见解，以及模糊和意外在外交中的重要作用的经验记录。这种批评不公平地把不可预测学说等同于愚蠢、无知和自相矛盾。尽管如此，“特朗普看似傲慢和不精确的语言运用确实有其代价，它有助于将美国领导的自由秩序转变成可能是霍布斯式的秩序，在这种秩序中，强权是正确的”。[40]

第二个教训是，当公众对外交安全政策的成功表现出极大的不满时（这在奥巴马政府任期结束时就很明显了），有时公民只是希望采取不同的方法，即使是一种可能同样有问题的方法。奥巴马和特朗普都是基于承诺重大变革的纲领而当选的。最平衡的分析会得出这样的结论：小布什和奥巴马的外交安全政策都没有接近于实现他们的目标，因此大众也许应该见证一个完全相反的战略的利弊。

第三个教训是，允许公众就国家元首的外交安全政策进行辩论的报道活动必须是有利的。这类充满冲突的话语揭示了从有关意图和能力的外交政策声明和行为中获取意义的根本方式并不相同。这种认识可以提高国家官员和公民应对信息过载的能力。尽管有可能造成混乱，但一个向新闻界开放的报道活动可以使我们能够对全球安全事务中正在发生的事情有恰当的理解。

2016 年英国“脱欧”投票脱离欧盟

2016 年，英国对继续留在欧盟的担忧浮出水面。2016 年 6 月 23 日，英国在一次国家发起的公投中，支持英国退出欧盟的立场以 51.9% 的微弱优势胜出。值得注意的是，这次公投“创下了英国投票历史的最高票数纪录”。[41]

支持英国退出欧盟的投票并非空穴来风。“英国退出欧盟的进程是缓慢而不可阻挡的，这源自人们对欧盟宗旨和成就的看法出现了根本性的冲突，这种冲突一直在酝酿……几十年了。”[42] 2013 年，面对保守党内部日益增长的欧洲怀疑论，前英国首相卡梅伦屈服于压力，做了许多分析人士认为无法避免的事情，[43] 宣布未来在欧盟内部重新谈判解决方案，并举行“内部—外部”的公开投票，导致 2015 年保守党纲领强调“改革、重新谈判和全民公投”。[44] 这不是英国第一次就一个关键的安全问题举行全民公投，英国政府曾就苏格兰独立问题进行了公投。

模糊、欺骗和（或）意外的事件描述 英国“脱欧”案表现出一种模糊、欺骗与意外的组合使用。策划“Vote Leave”运动的战略操纵者不是政府官员，而是个人选民，主要是英国独立党、平面媒体和基于互联网的社交媒体。在英国“脱欧”公投数月后，英国《每日电讯报》对投票前激烈的竞争活动中要求留在欧盟和退出欧盟的人士提出的主张进行了事实核查研究。研究发现，在调查的8项主要主张中，有3项主张的准确度完全“错误”（反映出故意欺骗），5项准确度“难以言说”（反映出含糊和模棱两可）。[45]这种欺骗非常严重，以至于“欧盟公投中官方竞选活动的误导性主张被广泛视为破坏了人们作出知情和深思熟虑的选择的能力”。因此，选举改革协会建议“当官方公投活动散布明显误导性的信息时，应授权选举委员会或其他适当的官方机构进行干预”。[46]此外，英国“脱欧”公投的结果显然令英国政府和国际社会都感到意外：就像唐纳德·特朗普当年晚些时候当选美国总统一样，专业民调机构严重失手——“每一次民调，甚至是抽样误差范围内的民调”，夸大了英国民众对留在欧盟现状立场的投票比例。[47]

信息过载在引起或改变模糊、欺骗和（或）意外中的作用 关于决定是否退出欧盟的信息过载情况，使得英国公民听任那些想改变他们观点的人的摆布。具有讽刺意味的是，尽管被来自争论双方的操纵性材料埋没，但多亏了“人们总是觉得信息不灵通”[48]的含糊不清。与法律要求严格监管的广播媒体提供均衡的新闻报道不同，英国几家有影响力、传统上高度党派化的报纸以“无情的决心”[49]为退出欧盟而奋斗。在欧盟公投的序幕中，移民问题成为讨论的焦点，《每日快报》《英国邮报》《每日电讯报》敦促选民“夺回英国边境的控制权”，欧盟的支持者则抨击说“他们在为自己的利益和缺乏爱国主义的现状辩护”。[50]媒体“在为期10周的竞票活动中，对移民问题的报道翻了两番”，而且越来越与经济危机联系在一起，如一些新闻标题为“教育移民儿童成本的飙升”和“移民每年花费英国170亿英镑”[51]等。总的来说，“一个基本上对欧盟怀有敌意的英国新闻市场，在助长对欧盟的负面政治情绪和使负面政治情绪在政治话语中得到反映方面发挥了重要作用”。[52]值得注意的是，媒体从公众对这一问题的关注中直接受益："对媒体来说，'脱欧'是一份公投结束后四个月内持续给予的礼物——在大卫·卡梅伦（David Cameron）、乔治·奥斯本（George Osborne）等人的命运发生惊人逆转之后，英国'脱欧'仍然是头版新闻。"[53]

除了传统的平面媒体之外，互联网社交媒体网站也是人们进行信息过载操纵的主要工具。"Vote Leave"组织者发布了"近10亿个有针对性的数字广告，并将约98%的资金用于数字化竞选"。[54] 人们一致认为，"强大的社交媒体竞选活动是欧盟公投最引人注目的方面之一"。[55] 最终"主流媒体很可能产生了许多在社交网络上被喜欢和分享的新闻，通过分享和在线讨论间接影响人们"，而且"主流媒体强烈地影响了政治家和竞选者本身，使他们花了相当多的时间和精力来制定新闻议程，或者攻击对手，以及为他们之前的言论辩护"。[56]

这种操纵选票的行为充满了情绪化的言辞，没有任何对冷静客观的要求。由于这种煽动性的言辞，"2016年6月23日投票决定保留或退出欧盟之前的竞选活动是21世纪英国最具分裂性、敌对性、消极性和令人恐惧的事件"。[57] 尤其是移民问题的讨论是"一场充满不确定性和日益增长的焦虑以及仇外心理的讨论"。[58] 与恐惧策略一致，三个讨厌的隐喻主导了对外国移民的新闻报道："移民是水（'闸门''波浪'）、动物或昆虫（'成群''蜂拥'）以及入侵的力量。"[59] 最后，大多数分析人士得出结论："在一场因散布恐慌和滥用统计数据而陷入困境的运动后，英国选择于2016年6月23日退出欧盟。"[60]

模糊、欺骗和（或）意外的理由和目的　支持脱离欧盟的人的动机是希望解决英国民众对其困境日益增长的不满，以及"对当局的不满和不信任"。[61] 特别是在2005年至2016年，在英国"与加入欧盟有关的威胁愈演愈烈"；其中包括：（1）主权威胁，"由欧盟的一体化和扩张主义心态造成"；（2）经济威胁，由"欧元区危机所证明的欧盟的失败所引发"，这在怀疑论者的心目中起到了辩护的作用，并为他们长达十多年的关于加入单一货币的行为的争论提供了理由；（3）身份威胁，“由于移民在选民问题上日益突出”的刺激和“与对经济安全的担忧一致，即东欧工人很容易被指责导致了英国工人的失业和低工资问题，以及在削减开支的时代，已经捉襟见肘的公共服务系统负担过重”；（4）选举威胁，来自“作为代表‘人民’反对欧盟的民粹主义政党”[62]的英国独立党的崛起。英国“脱欧”的支持者们一直在挖掘公众心中被压抑的愤怒情绪，而“夺回控制权”这一口号——“它强大而模糊，足以表达你想要表达的任何意思”[63]——在其中起着推波助澜的作用。

英国政府的动机是希望“按部就班”并保持“一切如常”。然而，在这一过程中，政府官员在预料英国“脱欧”公投出人意料的结果时表现出严重的误解。在一些人称之为“重大误判”[64]的情况下，英国前首相卡梅伦“低估了整个选民中存在的‘脱欧’情绪程度”，英国保守党内部大力倡导“脱欧”，削弱了“留欧”运动的公信力。[65]英国政府官员特意假设“选民最关心的问题是经济而非移民问题”，这一前提被证明是非常错误的。[66]当权者对“通常通过呼吁极右、民粹主义，有时甚至是仇外情绪来恢复民族自治的政党”[67]在整个欧洲的兴起没有给予足够的关注。而广受忽视的是公民普遍担心英国的命运受到外来势力（包括进入英国的外国移民）的过度推动：“英国许多人……出于对大量来自布鲁塞尔而非威斯敏斯特的英国法律的不满，推动英国退出欧盟。”[68]

此外，随着时间的推移，英国政府与欧洲大陆的关系呈现出战略上的模糊性。一向口若悬河的温斯顿·丘吉尔（Winston Churchill）表述得最好：

> 长期以来，英国与欧洲的联系一直处于半独立状态。1953年，温斯顿·丘吉尔在一次关于建立欧洲防务共同体的讨论中对下议院说：“我们与欧洲同在，但不属于欧洲。我们是联系在一起的，但不是结合在一起的。我们对它感兴趣，同其交往联系，但不能被同化。”……丘吉尔的声明使用了政治模糊的语言。英国“脱欧”的支持者和反对者都在公投活动中呼吁丘吉尔的精神。有点出人意料，最合理的解释是由鲍里斯·约

> 翰逊（Boris Johnson）总结出来的，他是左翼运动的领导人，也是英国新任外交大臣：关于欧洲，丘吉尔赞成有蛋糕，也赞成吃蛋糕。[69]

许多英国公民有这种政治上的模糊感，这使无条件地留在欧盟的主张复杂化，但有时“有助于就复杂问题达成共识，并有助于维护领导人的权力”。[70]

模糊、欺骗和（或）意外的政策效力　模糊、欺骗与意外共同作用，导致“脱欧”公投转向有利于那些希望脱离欧盟的人。这一结果有效地刺激了脱离欧盟进程的开始，尽管“硬”（切断英国和欧盟之间的所有联系）和“软”（继续对外国工人开放和跨国资本流动顺畅）的退出选择仍有待决定。[71] 在公投结果公布后，“转变是显而易见的”——英国当时准备进行必要的“艰苦谈判”，以执行退出欧盟的决定。[72] 支持“脱欧”和支持留欧的力量都认为最终“脱欧”公投的结果改变了欧洲政治的进程。

这一结果的可取性取决于一个人对欧盟成员国价值的立场。虽然一些观察人士认为，欧盟多年来促进了全球合作与和平，减少了州际争端，但怀疑论者认为，英国“脱欧”投票将把英国从一个功能失调的地区组织中分离出来，“受到欧元危机和如何分配难民的分歧的影响”，欧盟“似乎不再强大或团结到足以应对其国内动荡或边界安全威胁的程度”，因此“整个欧洲大陆的国家领导人都准备好转向国内，并得出结论——保护自己国家的最佳方式是增加主权，而不是减少主权”。[73] 尽管欧盟的瓦解可能不会构成重大的全球威胁，因为“一个新崛起的民族国家组成的欧洲比当今不团结、无效和不受欢迎的欧盟更可取”，[74] 但英国“脱欧”投票对欧洲大陆的长期安全影响似乎好坏参半。

模糊、欺骗和（或）意外的感知合法性　大多数法律学者以及英国“脱欧”支持者都认为公投相当合法，具有约束力。例如，英国宪法协会的一篇文章认为：“议会以全民公决的方式将英国是否应继续成为欧盟成员国的问题提交英国人民决定，这是非常恰当的。”[75] 这一立场主张“政治公平和民主原则要求人们尊重公投的结果，即使人们相信‘脱欧’将是一个非常糟糕的想法”。[76]然而，英国“脱欧”的反对者认为把公投过程作为政策改变的基础这个想法是不合法的，称投票结果是“咨询性的”，[77]并建议忽视或反抗投票。例如，一位感到不安的英国公民说：“公投是无效的，是威斯敏斯特体系允许经常发生灾难性治理失败的又一个例子——所以我们从一个危机到下一个危机，准备不足，步履蹒跚。”[78]

模糊、欺骗和（或）意外的意外后果　在许多方面，英国“脱欧”投票最出人意料的长期后果更多的是没有发生的事情，而不是已经发生的事情。无论是“脱欧派”的支持者还是“留欧派”的支持者在投票后做出的可怕的极端主义预测都没有实现。对于主张留在欧盟的人来说，在公投投票后的一年里，房价并没有急剧下降，英国经济衰退也没有随之而来，不必制定紧急“脱欧”预算，或许最重要的是“英国央行、经合组织、国际货币基金组织和欧洲委员会都上调了对英国的经济预测期望，并表示他们对英国‘脱欧’短期影响的预估是错误的”。[79]对于主张脱离欧盟的人来说，“支持脱离欧盟的著名发言人与竞选活动中他们的一些最引人注目的承诺仍有差距，如在英国国家医疗服务体系上花费3.5亿英镑，以及对英国‘脱欧’后移民率下降的说法”。[80]

然而，真正出乎意料的变化之一是英国最密切的对外关系的性质可能发生变化。未来，“‘脱欧’可能……促使英国重新与盎格鲁圈和更广阔的世界重新连接，打开一个区域集团内部封闭的视野”。[81]

此外，英国政治话语的基调可能已经发生了不可逆转的变化：

> 这场运动中的许多刻薄、偏袒和对不诚实行为的怀疑仍然存在。欧盟公投运动的后果仍在上演，并将持续到英国就脱离欧盟进行谈判的整个时期及以后。在可预见的未来，无论是竞选者自己还是许多国家媒体发起的对抗性和超党派运动，都可能影响英国的政治。[82]

在英国“脱欧”投票之后很长一段时间里，相当大的有背景的紧张局势仍然存在：“随着脱离条款进入人们的视野，事情可能会变得非常混乱，如果最初的小冲突是未来事态发展的迹象，那么历史和身份将在整个过程中不断产生创伤。”[83]

在全球自下而上的民粹主义情绪日益高涨的时代，英国“脱欧”投票是欧盟（或许是所有地区组织）软弱的一个关键症状：

> 欧洲目前正处于“二战”以来最严重的政治危机的痛苦之中。在整个欧洲大陆，传统政党失去了它们的吸引力，因为民粹主义、欧洲怀疑论运动已经吸引了广泛的支持。欧洲团结的希望似乎一天比一天黯淡。欧元危机暴露了德国与希腊、葡萄牙等债务缠身的南欧国家之间的重大差异。德国和意大利在边境管制和银行监管等问题上发生了冲突。6 月 23 日，英国成为历史上第一个投票退出欧盟的国家，这对欧盟是一个惊人的打击。[84]

“界定欧洲的问题仍然存在，欧盟的生存是否取决于一个核心国家集团更深入、更紧密的一体化？”[85]其他欧盟成员国之间日益增长的怀疑甚至不满情绪，是英国“脱欧”投票的一个重要的意外后果。

未来管理模糊、欺骗和（或）意外的经验教训 英国“脱欧”的第一个教训是，当来自各种针对公民的非官方消息人士关注极其复杂的（即使政府官员也是有些矛盾的）外交安全政策问题时，战略上的模糊、欺骗与意外会产生多大的影响。尽管在通常情况下，拥有各种改变公民观点的常规政治工具的郡政府是操纵的发起者，但在这个互联网和社交媒体的时代，自下而上的数字通信可以与自上而下的各郡活动相匹配，并且在许多情况下超过了自上而下的各郡活动影响的目标群体。当公众对经济的不满情绪非常高涨，而国家本身并没有明确致力于推行受到挑战的外交安全政策时，这种模式似乎尤其可能出现。

第二个教训是，在一个本土主义和反建制的公众情绪高涨的时代，国家政府对支持现状的自满可能是极其令人愤怒的。人们对失去持续就业、文化认同以及最终生活方式的恐惧是显而易见的，而全球范围内迅速而激烈的变化对这三个方面都构成了深刻挑战，所以接踵而来的大规模公共危机招致外部操纵。为了防止这种操纵，必须对这种不满的性质形成深刻的理解度和敏感性。然而，英国政府（受主张脱离欧盟的人发起的战略模糊、欺骗与意外影响最大的目标）“没有做足够的工作来理解”“脱欧”支持者的深仇大恨和沮丧。[86] 这一错误最终证明对卡梅伦政府是致命的。

2002~2003 年伊拉克未发现大规模杀伤性武器

在 21 世纪初，美国人认为动荡的中东地区可能再次发生暴力袭击，最主要的问题是担心可能会对他们使用大规模杀伤性武器：“在‘9·11’事件和随后 2001 年发生的炭疽攻击事件之后，美国和西欧国家对使用化学、生物和核武器等非常规武器的恐惧增加了。”[87] 萨达姆·侯赛因（Saddam Hussein）1979 年在伊拉克上台，20 世纪 80 年代对伊朗发动了长达 8 年的战争，1990 年 8 月袭击科威特。因此，在“9·11”恐怖袭击美国后不久，“美国和英国共同坚持认为，伊拉克因据称拥有大规模杀伤性武器而对国际安全构成威胁”。[88]

由于美国和英国的共同关注，2002 年 11 月，联合国安理会通过了第 1441 号决议，给予伊拉克“履行其裁军义务的最终机会”，并坚持要求萨达姆·侯赛因允许联合国武器核查人员进入伊拉克，以确认是否存在大规模杀伤性武器。[89] 联合国武器核查队在伊拉克期间，没有发现任何大规模杀伤性武器，但联合国监测、核查和视察委员会主席汉斯·布利克斯（Hans Blix）认为，他的小组仍然需要“几个月”才能准确评估伊拉克武器库的范围。[90] 尽管如此，2003 年 3 月，美国政府秘密告诉核查组必须尽早地停止尚未完成的工作，并立即离开伊拉克。[91]

2003 年 3 月 20 日，美国政治领导人得出结论——伊拉克拥有大规模杀伤性武器，袭击是必要的，[92]因此美国和英国军队进入伊拉克开始第二次海湾战争。尽管声称袭击的联盟包括 49 个国家，但提供战斗力的国家是澳大利亚和波兰（陆地上）、丹麦和西班牙（海上）。袭击行动很快结束，巴格达于 4 月 9 日被控制，随后萨达姆·侯赛因的大本营提克里特于 4 月 15 日沦陷，标志着伊拉克政权的崩溃。2003 年 5 月 1 日，美国前总统小布什宣布主要的战斗行动已经结束。随后，2003 年 12 月，美国逮捕了萨达姆·侯赛因，之后他因战争罪受到审判，被判有罪，并被处决。由于袭击及其产生的暴力后果，超过 4500 名美国士兵死亡。[93]

模糊、欺骗和（或）意外的事件描述 “一份落入核查人员手中的伊拉克文件表明，1991 年 4 月，伊拉克一个高级委员会下令对联合国核查员隐瞒该国的许多大规模杀伤性武器，尽管遵守核查制度是在袭击科威特后解除经济制裁的条件。”[94]联合国特别委员会在 1998 年得出结论说：“伊拉克未能提供其生物武器计划的完整说明，因此许多人认为该国仍在一些地方保留了生物制剂。”[95]到 2001 年，萨达姆·侯赛因曾因多次拒绝遵守联合国的规定要求并“抵制联合国特别委员会销毁用于生产大规模杀伤性武器的材料和设施的打算”。[96]与此同时，伊拉克表现出“对联合国视察进程的不满”，以至于委员会得出结论——“伊拉克永远不会乐于提供信息，如果它阻碍了联合国的核查，那么它一定有什么要隐瞒的东西”：[97]

> 尽管进行了 4 年的密集检查，联合国武器视察人员直到萨达姆女婿侯赛因·卡迈勒·马吉德（Hussein Kamel al-Majid）1995 年叛逃后才从他那里得到消息，发现了伊拉克的生物武器计划。即使视察人员摧毁了伊拉克所有的大规模杀伤性武器设施，正如前伊拉克首席核武器视察员戴维·凯（David Kay）所警告的那样，“武器秘密是……被伊拉克技术精英的一大群人所熟知的……（伊拉克）在面对国际核查时有保持着武器研发的能力”。[98]

伊拉克生动地展示了在信息过载的情况下，利用相互矛盾的信号来促进战略模糊的情况。“伊拉克在这么多年的时间里向联合国核查小组讲述了如此多不同的故事，以至于他们不可能重建一个完全一致的叙述体系。”[99]最终，萨达姆·侯赛因“拒绝坦白他的库存，把联合国的检查过程变成了一场致命的猫捉老鼠的游戏”。在这场游戏中，“每一天都给萨达姆更多的机会隐藏他的军火库”。[100]

美国政府官员有他们自己的理由怀疑伊拉克的武器骗局。根据空中和卫星情报，“美国方面认为巴格达秘密储存了大量化学武器”[101]（2004~2005年，伊拉克在1991年海湾战争前制造的化学弹药被发现，但美国和联合国都知道这是一个战略意义不大的藏匿点）。[102]美国的一项临时调查报告称，“大量设备和武器相关活动对联合国视察员有所隐瞒”。[103]视察队还在一名伊拉克科学家家中发现了“秘密实验室”和“可用于制造生物武器的活的肉毒杆菌毒素”。[104]2003年1月，当时的美国驻联合国大使约翰·内格罗蓬特（John Negroponte）表示：“仍然没有证据表明伊拉克已经从根本上改变了它的做法，从欺骗转变为真诚地努力满足（联合国安理会）要求它解除武装的要求。”[105]持怀疑态度的西方观察家认为，因为“萨达姆已经证明是隐藏包括他自己在内的事物的能手”，[106]大规模杀伤性武器实际上可能仍在伊拉克，只是在没人能找到的地方。美国前国防部部长唐纳德·拉姆斯菲尔德（Donald Rumsfeld）直接表示：“如果我们看不到或找不到大规模杀伤性武器，那就意味着它们比我们想象的还要隐蔽。”[107]伊拉克调查小组是一个派往伊拉克调查有关武器说法的实况调查团。它在一份调查报告中指出，虽然“伊拉克确实保留了被禁止的大规模杀伤性武器计划”，但这些计划“并不像美国情报机构所说的那样广泛、先进或具有威胁性”，[108]“伊拉克计划在解除对该国的国际制裁后立即恢复其（武器）生产”。[109]

信息过载在引起或改变模糊、欺骗和（或）意外中的作用 在2003年伊拉克战争之前，关于萨达姆·侯赛因和危险弹药在该地区扩散的情报相对丰富。因为这种信息过载（包含反映模糊的冲突信号）与先入为主的偏见相结合，双方都曲解了对方的意图和能力："美国和伊拉克通过对被视为特别具有决定性意义的信息进行特权加权，形成了彼此的形象；随后的信息是根据先前存在的图像来解释的；随着时间的推移，图像和错误变得越来越根深蒂固，而不是越来越少。"[110]"美国和伊拉克对现实的看法之间的分歧越来越大，而不是越来越小。"[111]最后，"美国和伊拉克在花了十多年的时间衡量了对手之后，如此严重地误读了对方的能力和意图，这真是了不起"。[112]

在伊拉克问题上，萨达姆·侯赛因在2003年战争之前"低估了美国的敌意"：

> 他没有意识到苏联在早期战争中解体后美国自由行动的增加，以及2001年9月11日恐怖袭击后美国对他所代表的一系列问题容忍度的下降。此外，萨达姆还普遍高估了伊拉克和美国之间的共同利益，将两国视为天然盟友，并将自己视为抵御伊朗扩张主义和激进伊斯兰主义的有用堡垒。[113]

此外，萨达姆·侯赛因"似乎再次大大高估了伊拉克的军事能力，低估了对手的军事能力，重复了他在1980年（伊拉克攻打伊朗）和1991年（袭击科威特后，伊拉克在海湾战争中面对美国及其盟国）犯下的错误"。[114]更具体地说，他错误地估计了"伊拉克军队按照政权命令作战的意愿……以及抗衡美军的能力"，并"低估了美军的技术实力"。[115]最后，萨达姆"在关键时刻看错了'友好'国家阻止美国发动攻击的能力"。[116]

一些观察家指责美国政府声称伊拉克拥有大规模杀伤性武器是故意欺骗。在布什阴谋论中，"布什政府故意想方设法袭击伊拉克"，并通过编造错误的理由"故意密谋在伊拉克发动战争，以促进美国的利益"[117]。这种说法强调了国会和大众媒体对美国情报机构的严厉批评，认为美国情报机构"允许布什政府向其施压，使其夸大伊拉克大规模杀伤性武器计划，以证明战争的正当性”。[118] 情报机构对伊拉克大规模杀伤性武器的评估“作为一种严格的分析手段，未能维持收集数据所依据的多种假设”，而是自动假设萨达姆·侯赛因“将重新建造大规模杀伤性武器”。[119] 支持这一说法的一本书声称，“布什政府在 2003 年 2 月，即袭击伊拉克的前一个月，故意隐瞒了一个事实——它知道萨达姆没有一个起作用的大规模杀伤性武器库”，而且“白宫指示中情局编造了一封伊拉克情报官员的信，将萨达姆与 9 月 11 日的袭击联系起来”（后来“没有一个官员露面”来证实这些指控）。[120]

然而，现实的情况是即使美国政府拥有庞大的情报实力，它也是对伊拉克误解的受害者。2016 年英国一份关于 2003 年伊拉克战争前奏的全面报告纠正了这一误解。该报告“推翻了一些反对伊拉克战争的人确信的一件事，即布什在战争中撒了谎”，并且“表明总统相信萨达姆拥有大规模杀伤性武器，尽管他和他的政府在利用使他们得出这一结论的情报方面是不负责任的”。[121] 前总统乔治·W. 布什（George W. Bush）和他的顾问们容易受到人类认知缺陷的影响，反映出强烈的先前偏见和认知一致性。他们展示了三种具体的处理扭曲的方式——“把最坏的情况当作事实”“掩盖含糊不清”“捏造错误”。[122] 布什的财政部部长保罗·奥尼尔（Paul O’Neill）注意到布什早在总统就职典礼上就考虑过袭击伊拉克的“应急计划”。[123] 此外，在袭击伊拉克前的几个月里，“许多政府官员在得到与他们对伊拉克已有的看法相矛盾的信息或分析时，反应过于消极或有攻击性”。[124] 鉴于美国情报机构倾向于“高估伊拉克大规模杀伤性武器计划的范围和进展”，布什政府“扩大了这些估计评判，不仅是为了说明发动战争的理由，而且是为了立即开战，而不是花时间为军事行动建立地区和国际支持”。[125] 值得注意的是，在 2003 年袭击伊拉克之前，“没有人怀疑伊拉克拥有大规模杀伤性武器”[126]——“据悉，没有任何西方国家或中东情报机构对华盛顿在战前对伊拉克大规模杀伤性武器能力和潜力的评估持异议”。[127] 最有可能发生的是“愤世嫉俗、天真、傲慢和无知的结合”[128] 导致布什政府采用“作出最佳选择”的情报处理方式，支持其在伊拉克问题上的立场，并为已经作出的发动战争的决定辩护。[129] 因此，在进行广泛的搜查之后，在伊拉克并没有发现大规模杀伤性武器，布什政府着实感到意外。

更广泛地说，美国决策者“误读了萨达姆对威胁的看法”，高估了他对美国的关注：

> 他们发现很难理解萨达姆只是断断续续地关注他们对他的政策，他在更大程度上关心他所看到的伊朗和伊拉克自己的什叶派占多数的相关威胁。他在大规模杀伤性武器等问题上的许多行动和信号，事实上是针对伊朗/伊拉克什叶派的威胁，而不是针对美国受众的消耗，但这些在美国被解释为危险的恶意行为的证据。[130]

总的来说，“美国决策者对伊拉克行动的解释是由一种特别生动的理论驱动所推动的信息处理，这种信息处理方式是围绕伊拉克行动固有的恶意解释而形成的”，并“很快就对不确定的情况产生了抵抗力”。[131]

模糊、欺骗和（或）意外的理由和目的　战后，伊拉克科学家认定“美国的轰炸、联合国的视察、裁军的努力、伊拉克官员单方面销毁武器以及联合国严厉制裁的联合作用确实在20世纪90年代中期消灭了萨达姆的非法武器”。[132]而伊拉克拥有大规模杀伤性武器威胁的这个信息模棱两可有两个方面的原因，都是围绕萨达姆·侯赛因担心“承认他的大规模杀伤性武器不见了会显示出一种弱点，可能会威胁到他对权力的掌控”。[133]第一种解释围绕着阻止外来攻击：

> 伊拉克在战争之前和战争期间进行了蓄意欺骗。萨达姆·侯赛因可能希望通过否认使用生化武器的威胁从而能够阻止联军对伊拉克进行攻击，同时不影响后来取消制裁的努力。因此，在战争之前，伊拉克建立了化学防护装置和设备的物资储存，也许是为了使这种威胁可信（这些物资储存后来被推进的联军部队发现），所以可能给外国情报机构提供了

虚假的报告，称其拥有大规模杀伤性武器。[134]

第二种解释侧重于遏制伊拉克国内的不稳定：

萨达姆总是表现出对自己的内部地位比对外部地位更为关心的态度……他可能担心如果他的内部对手意识到他不再有能力使用这些武器，他们会试图对付他。同样，萨达姆在构成其权力基础的逊尼派精英中的地位在很大程度上与他使伊拉克成为一个地区强国有关，而精英们认为这是伊拉克有非传统武器库的原因。因此，公开放弃大规模杀伤性武器也可能危及他在重要支持者中的地位。[135]

因此，伊拉克利用战略欺骗，将大规模杀伤性武器的军事力量信息错误地投射给友好国家和对手。

美国袭击伊拉克的正当理由包括声称伊拉克政府生产大规模杀伤性武器、与“基地”恐怖组织有联系。美国最初的主要目标是使伊拉克交出这些武器，指挥美国部队的汤米·弗兰克斯（Tommy Franks）将军将其目的详述如下：

第一，结束萨达姆政权。第二，查明、隔离和消除伊拉克的大规模杀伤性武器。第三，搜寻、逮捕和驱逐恐怖分子。第四，尽可能地收集与恐怖网络有关的情报。[136]

最重要的动机无疑围绕所谓的大规模杀伤性武器威胁来展开，2003 年前国防部副部长保罗·沃尔福威茨（Paul Wolfowitz）向《名利场》杂志表示：“由于官僚原因，我们重点解决一个议题，即大规模杀伤性武器，因为这是每个人都能同意的原因。”[137] 白宫前新闻秘书阿里·弗莱舍（Ari Fleischer）特别指出，重点是更换萨达姆政权，找到并销毁假定在伊拉克境内的生化武器——“胜利的定义就是这两个因素。”[138]

模糊、欺骗和（或）意外的政策效力 伊拉克声称在大规模杀伤性武器问题上是无辜清白的，这在世界范围内得到了证实，美国因此失去了相当大的全球信誉："因为大规模杀伤性武器威胁被公开作为袭击伊拉克的理由，因此战前对这一威胁的描述与自战争以来9个月内所发现的情况之间的巨大差距是一件很重要的事。"[139]具有讽刺意味的是，伊拉克最成功的骗术不是隐藏大规模杀伤性武器，而是隐藏其缺乏大规模杀伤性武器。

从长远来看，接踵而来的暴力冲突不符合双方的利益。对萨达姆·侯赛因来说，武器欺骗最终推动美国袭击伊拉克，导致他在战争中败北。对小布什来说，对伊拉克的军事胜利所带来的兴奋远远超过了战后出乎意料的广泛性和毁灭性的暴力混乱所带来的痛苦，这种混乱"掀起了一股看不到尽头的新的恐怖主义浪潮"。[140]

模糊、欺骗和（或）意外的感知合法性 美国和西方国家认为，伊拉克在武器核查方面的战略欺骗和不合作行为令人懊恼和不合法。尽管萨达姆·侯赛因时代已经过去，但人们对萨达姆与联合国武器核查机构合作的期望并未实现。这种不合法感使人们对伊拉克发展大规模杀伤性武器产生了怀疑。

对美国情报失误的反应是美国政府在海外蒙羞和美国公民的愤怒。面对巨大的政治压力和大规模杀伤性武器的负面影响，布什成立了美国大规模杀伤性武器情报能力委员会，该委员会于2005年3月31日声明：

> 在战争的边缘，当着全世界的面，美国政府宣称萨达姆·侯赛因已经重组了他的核武器计划，拥有生物武器和移动式生物武器的生产设施，并且储存和正在生产化学武器。所有这些都是基于美国情报部门的评估。当战争结束的时候没有一点能被证实。这是美国近代史上最公开、最具破坏性的情报失误之一。[141]

参议员杰伊·洛克菲勒（Jay Rockefeller）反映了公民的愤怒。他说："总统不能像我们这样随便决定，因为他的决定如果基于似乎不存在的东西，那将把我们国家的年轻人置于危险之中。”[142]

几乎全世界（除英国政府外）对美国未经证实的大规模杀伤性武器声明都感到震惊，但国际社会对袭击伊拉克的合法性及其理由却存在分歧。在美国袭击伊拉克之前，北大西洋公约组织成员国法国、德国、加拿大和非北约成员国俄罗斯都反对军事干预。他们认为，“国际安全面临的风险太高”，转而要求“通过外交手段解除武装”。[143]战争开始后，美国受到比利时、法国、德国和阿拉伯联盟等国家的严厉批评。

模糊、欺骗和（或）意外的意外后果　大规模杀伤性武器的说法溃败的一个关键意外后果是，美国盟国对美国情报机构的说法越来越不信任，并最终丧失了美国外交安全政策制定者的信誉。2003 年 3 月，“当美国及其盟军伙伴袭击伊拉克时，美国公众和一些国家都认为，萨达姆·侯赛因政权垮台后，大量大规模杀伤性武器将浮出水面”。[144]此后，当这一切都没有发生时，美国在全世界面前出丑了，中情局的情报部门充当了袭击的替罪羊，成为众矢之的：

> 为了维护中情局的公信力，中情局局长乔治·特尼特（George Tenet）采取了不同寻常的措施，于上周五（2003 年 6 月 6 日）发表声明，驳斥了中情局将其情报政治化的说法。“我们的作用是像我们看到的那样称呼它，告诉决策者我们知道什么，我们不知道什么，我们的想法和我们的依据。这就是我们赖以生存的准则。”[145]

这些公信力问题非常重要，以至于“在伊拉克战争后进行了改革，使可疑情报人员在没有经过仔细审查的情况下更难进入高层（例如，一项新的程序要求情报机构的负责人亲自为其所在的机构在重大评估中使用的任何来源的可信度提供担保）”。[146]美国先前对大规模杀伤性武器的指控使一些盟国感到不安，认为布什在战争计划上不值得信任。[147] 持续的安全后果是美国难以让其他国家同意采取行动支持其外交安全政策。

未来管理模糊、欺骗和（或）意外的经验教训 从这个案例中得到的主要教训是，即使是针对一个超级大国，一个规模较小、实力较弱的国家可以有效地利用战略模糊和欺骗手段，尤其是在确认一个目标先前存在的怀疑时。鉴于伊拉克藏匿大规模杀伤性武器的地方花样繁多，联合国检查组迅速发现这些武器的可能性似乎微乎其微；鉴于并没有找到大规模杀伤性武器的藏匿处，萨达姆·侯赛因在这个问题上保持让西方国家猜测的能力令人印象深刻。总体而言，美国"在运行间谍卫星和超机密监听设备方面的开支超过了许多国家的国内生产总值，但它对自己即将攻击的对手内部到底发生了什么一无所知"。[148] 因此，战略模糊和欺骗最聪明的使用场合是当被发现的风险极低之时，因为最终发现真相的可能性很小。与此同时，美国关于伊拉克拥有大规模杀伤性武器的反诉具有相当高的风险，因为它要求在不太可能会实现的时间和资源的情况下找到无懈可击的证据。

战略欺骗案例

2011 年福岛核灾难

1979 年宾夕法尼亚州三里岛核灾难和 1986 年乌克兰切尔诺贝利核灾难等事故造成的核辐射破坏性影响的后果是有目共睹的，所以世界对和平时期核事故的恐惧程度几乎与战时核弹袭击一样强烈。然而，即使政府加强了安全防范措施，也没有人预料到日本福岛核灾难中发生的"三重灾难"[149]——地震、海啸和核熔毁。

2011 年 3 月 11 日 14 时 46 分，东日本大地震（日本历史上最大的地震[150]，震级为 9.0 级）发生在距离日本东北部海岸 70 英里的地方，并在东京电力公司拥有和运营的福岛第一核电站引发海啸和核事故。地震摧毁了电力、煤气、供水和通信。海啸高达 12 米，达到海平面以上 40 米，[151] 地震大约 40 分钟后抵达福岛，冲破了核电站的海堤，并使应急备用发电机和海水冷却泵失效，只剩下电池供电来运行冷却系统，而电池的电量在短短几个小时内就耗尽了。[152] 海啸导致海水淹没了该地区，摧毁或冲走了建筑物、车辆、重型机械和油罐，并灌满了安全疏散区，破坏了整个沿海社区。[153] 地震和海啸发生 3 天后，福岛核电站的六个核反应堆遭到严重破坏，核反应堆发生了三次熔毁。“当地震发生时，核电站失去了电力，用来冷却反应堆的水停止循环；当海啸淹没建筑物时，位于地下室的备用柴油发电机失灵；没有电力冷却控制燃料棒温度的水，燃料熔化，变成熔岩，冲破了反应堆底部的钢制安全壳。”[154] 随后，在 1 号、3 号和 4 号反应堆，当用来冷却燃料棒的水变得非常热时，氢气积聚起来，产生了四次氢气爆炸，炸掉了核反应堆的屋顶，并向空气中释放了大量有毒辐射气体。

2011 年 3 月发生的该事故在人类历史上是史无前例的，因此日本发现自己处于“‘二战’以来最巨大的危机中心”。[155]“地震和海啸造成的核灾难已被国际原子能机构评为与 1986 年切尔诺贝利核事故同等严重，而切尔诺贝利核事故是有记录以来世界上最严重的核灾难。”[156] 值得注意的是，“日本的核电站都位于沿海地区，因此特别容易受到地震和海啸的影响”。[157] 灾难的范围不仅仅是“成千上万已经死亡的人，以及那些因辐射而生病并将在几十年内死亡的人”，同时是“这个国家的美丽地区数百年来一直遭受着巨大破坏”的悲剧[158]。2012 年，纽约城市大学物理学教授加来道雄（Michio Kaku）博士调查了反应堆的状况，确认 2 号反应堆已经液化。他宣称：“我们在核电史上从未见过这种情况——铀核芯 100% 液化。”[159] 灾难发生后，数十万人无家可归，缺乏清洁的水、电或热源。[160] 超过 2.8 万人最终死亡或失踪，“超过 19.6 万所房屋和其他建筑物全部或部分受损”。[161] 据估计，包括建筑物残骸、海上救援公用事业设备和社会基础设施在内的损失的经济成本约为 16.9 万亿日元。[162] 仅是物质损失，日本就损失了 1950 亿至 3050 亿美元（大致相当于希腊的 GDP，是新西兰 GDP 的两倍）。[163] 空气中的放射性钚粒子不仅抵达东京，而且远至美国的西雅图、华盛顿和中欧的立陶宛。

模糊、欺骗和（或）意外的事件描述　福岛核灾难发生后，日本政府主要通过省略核灾难的关键细节，对本国公民和国际社会进行了战略欺骗。尽管“日本政府当时知道并立即告诉了美国军方到底发生了什么，但他们三个月内没有告诉日本人民”，[164]“只是逐步零散发布辐射风险的信息”。[165]虽然日本首相3月15日告诉东京电力公司不要撤出核电站工作人员，以免发生核灾难，日本政府官员也告诉居住在20~30公里环内的日本公民待在室内，但美国政府敦促该地区的所有美国公民逃离到至少80公里以外的地方，法国政府敦促其所有远至东京（250公里外）的公民撤离。[166]2011年3月21日，日本政府在福岛市推广了政府福岛辐射健康风险顾问山下俊一（Shunichi Yamashita）博士的一场宣传演讲，演讲中包括一些莫名其妙的言论，如“辐射不会影响微笑的人”“快乐的饮酒者受辐射的影响较小，20岁以上的成年人对辐射几乎不敏感”。[167]用一位逃离该地区的福岛居民的话来说，最初“关键信息被完全隐藏了”，因为“日本政府并没有要求当地居民撤离，而是付钱让他们挖土、割草、砍树和用水清洗建筑物”（“许多人死于‘打扫卫生’”），并且“日本电视新闻欺骗人们说辐射水平上升是因为来自中国的大气污染”。[168]日本政治领导人没有认真执行“帮助人们充分了解情况，作出自己的行为判断”的计划，未能解释“不同人群（如婴儿和青年、准妈妈或特别易受辐射影响的人群）受到辐射的风险”。[169]考虑到内部沟通和外部沟通，有一些言论这样说：“缺乏公开披露的责任既在政府身上，也在东京电力公司身上”“政府对核灾难的反应也没有完全透明”“大多数沟通都是模糊的、令人困惑的、不特别及时的，而且往往呈现出比实际情况更乐观的图景”“在第一次反应堆爆炸整整五个小时后，政府才报告没有放射性物质泄漏”。[170]

特别是日本政府严重错误地处理了灾区人员的撤离问题。尽管最终有超过40万人被疏散，但其中超过10万人流离失所，由于政府继续禁止受灾地区的居民返回家园，即使到2016年，他们仍然无家可归。[171]在这次大规模疏散中，日本政府甚至没有“告诉他们的国民，巨大的放射性云正在朝哪个方向移动……于是福岛疏散人员逃到了日本西北部，正好进入了放射性烟流的路径”。[172] 政府的疏散问题“导致成千上万的撤离者被指示前往一个更危险的高污染地区，然后再次转移到另一个地区。几天之内，他们还没有意识到自己有什么风险”。[173] 福岛核事故独立调查委员会发现：“居民对疏散的困惑源于监管机构多年来的疏忽和未能对核灾难采取适当措施，以及前几届政府和监管机构缺乏注重危机管理的行动——在下令疏散时，只有 20% 的核电站所在城镇的居民知道事故的发生”，“许多居民只能带着最基本的必需品逃离，被迫多次搬家”“疏散时非常混乱”“由于没有提供辐射监测信息，一些居民被疏散到高辐射剂量地区”，而其中的一些人“随后被忽视，直到 4 月才收到进一步的撤离命令”。[174]

政府监管的东京电力公司长期以来一直使用欺骗手段。早在几十年前，东京电力公司曾篡改反应堆安全记录；2002 年，它承认伪造了 1 号反应堆安全壳的安全试验结果；2003 年，东京电力公司禁止检查员核查反应堆，后来承认该公司有组织地掩盖了显示反应堆裂缝的检查数据；2007 年，另一座核电站发生火灾后，东京电力公司掩盖了数百加仑放射性水泄漏的事实。[175] 在福岛危机中，东京电力公司犯下了许多欺骗罪行：“它一直没有向政府官员，特别是首相和内阁通报核电站发生的事件，淡化了危险，没有充分地向政府和公众通报事态发展，或者向政府和公众提供错误的信息，并且试图把所有的责任都推到首相身上，而不是承认其在危机管理上的重大失误。”[176] 根深蒂固的腐败助长了这种欺骗模式。例如，东京电力公司“将反应堆建在一条已知的裂纹线上，并随后与政府监管机构勾结，为避开不可避免的情况作好准备”。[177] 据报道，东京电力公司的无能“激怒”了日本首相，因为他是从电视上得知第一次核电站爆炸的消息。[178]

信息过载在引起或改变模糊、欺骗和（或）意外中的作用　当福岛核电站灾难发生时，大量迅速变化的、可信度不确定的零碎信息开始流入日本首相办公室，两个挑战随即出现：准确地整合和解释输入数据的安全影响，以及迅速制定政策，从而尽量减少负面影响。然而，面对这些挑战，“专家似乎无法提供任何有用的指导”：

> 每次从网站上收到新的报告，首相都会问（专家们）他应该怎么做……而每次他们都会转移视线……有一次首相直接问一位科学专家一个问题，但这位专家完全说不出话来。[179]

当面对铺天盖地的技术信息时，首相沉浸“在核电站的细节中”，而不是着眼大局，并且拒绝下放决策权，从而“助长了混乱”。[180]“日本文化根深蒂固的习俗”使危机时期压力下的信息解释障碍更加复杂——本能反应的服从、不愿质疑权威、对“坚持程序”的忠诚以及群体主义。[181]

媒体对福岛核灾难造成的全球威胁进行了广泛的报道，使公众接触到大量的各种来源的但可能相互冲突的信息。例如，2011 年 12 月 28 日，特纳广播网发布了一个言过其实的警告，称福岛 3 号反应堆散发出的辐射云将对美国西海岸造成三至五天的威胁，而其他一些新闻来源也获得并重复了这一说法。[182]与更为谨慎的论断相比，大众无法判断这些离奇论断的真实性。

有时，获取太多快速变化的信息会让事情变得更糟。公众对疏散区域范围的日益关注导致了这种模式的存在：

> 在危机的每一个阶段，专家们都对应该撤离的地区向菅直人（日本首相）给出不同的判断，而每一次菅直人都采取最安全的选择。但判断数值一直在变化，所以菅直人不断改变他对公众说的话。但矛盾的是，这种对安全和真实性的强调导致了越来越多的恐惧和不信任……人们指责政府低估和淡化了形势的严重性。[183]

日本政府“一再被迫提高对公民和工人辐射暴露的建议安全限值，否则会依法要求其立即撤离现场”。结果“有些日本人认为政府腐败”，“有些人认为政府无能”。[184] 由不同机构收集的多份灾后辐射读数使事情“变得混乱和缺乏可信度”的模式进一步证明——“当有关灾难的信息太多时，也会使公众对政府的看法产生负面影响。”[185]

模糊、欺骗和（或）意外的理由与目的 日本政府对福岛核灾难毫无准备和欺骗的动机围绕着一厢情愿的想法，即事先不愿意以开放的心态考虑即将发生的灾难会很可怕的可能性：

> 有几个原因可以解释为什么这么多处于领导地位的人忽视了历史的警告……第二次世界大战和核武器摧毁长崎和广岛之后，日本人民强烈反对在本国使用一切核能。因此，政府发起了一场运动，劝说人们相信核能的“绝对安全”……绝对安全意味着没有出错的风险，也没有发生熔毁的风险。这种绝对安全的神话随着时间的推移发展成一种文化——谈论核能几乎成了一种禁忌……人们惧怕讨论最坏的情况，因为这可能会给市民带来恐慌。因此它被排除在监管讨论之外。[186]

特别是日本政府担心“这种剧变造成的社会混乱”，[187] 而日本的核能治理“绝大多数被发现长期忽视了核能的已知安全问题”。[188] 然而，日本政府的犹豫不决远远超出了对公众恐慌的恐惧——“避免谈论最坏的情况不仅仅是因为它会吓唬人，而且是因为这种恐惧意味着当地社区会反对建造反应堆，如果没有本地支持，反应堆将无法建造。”[189] 尽管增加公众支持是日本政府采取行动的一个动机，但日本公民感到不安，他们希望向政府表明，政府在危机中的行为是绝对不能被接受的。

模糊、欺骗和（或）意外的政策效力 日本政府在福岛灾难中对日本人民和国际社会使用的欺骗手段，无论是在短期还是长期的战略目标上都没有成功。由于接踵而来的真正毁灭性的影响，即恐惧、愤怒和怨恨在受影响最严重的人群中肆虐，辐射危险继续存在，而稳定的安全局势也没有很快恢复。

灾难发生后，日本政府试图压制不希望被外界知晓的信息外泄，这似乎恶化了日本的国内和国际形象。熔毁发生后，福岛核电站的一名员工及其家人在第一时间"被当地官员下令停止讨论他们所看到的一切"。[190] 日本政府"不仅低估和忽视了各种放射性威胁，甚至在 2011 年扣留了可能缓解日益严重的甲状腺疾病流行的碘片"。[191] 随后，日本政府"通过了一项严厉的国家机密法，威胁要减少或消除有关福岛的可靠信息"。[192]

模糊、欺骗和（或）意外的感知合法性　国际社会的反应是震惊的，然而并没有跟进适当的补救行动，部分原因也许是"在灾难发生后的最初几周内，（日本政府）没有提供任何风险信息或熔毁信息"[193]。日本政府的全球公信力和地位受到严重打击，特别是在人身安全和财产遭受严重损害的情况下。日本政治领导人在当时危机结束后很长一段时间内采取了一些阴暗的行动，这进一步加深了他们受损的形象。比如，"日本将无家可归者重新安置到福岛高辐射区工作的做法。在那里，有的会失去一些东西的人可能不愿意接受最低工资"。[194] 危机期间日本媒体倾向于扮演"自愿用谎言安抚公众的政府侍者"的角色，[195] 然而令人怀疑的例子是日本历史最悠久、最自由、知识最丰富的报纸之一《朝日新闻》突然终止了对福岛核灾难后果进行的为期三年的"监察部门"特别调查。"《朝日新闻》的仓促撤退引起了新的疑问，即这样的监督新闻（这是一项具有内在风险的事业，旨在揭露、揭穿和挑战有权威的人）在与国家政治体制有着紧密联系的日本大型国家媒体中是否可能存在。"[196]

通常相对支持政府行动的日本公民对福岛核灾难的反应是对国家的反应感到愤怒：

> 尽管如此，对危机临时安排的、不协调的、不透明的处理，政府无力控制和管理的东京电力公司，以及在需要时未能及时准确地向公众传

达信息，这一切都导致日本民主党政府成为公众批评的对象。灾难发生六个月后，民意调查显示67%的人不支持政府对地震的反应，78%的人不支持政府对核电站事故的反应。[197]

尽管一些日本公民宿命般地接受了福岛核灾难带来的破坏性后果，但公众最普遍的反应是对政府和企业官员的怀疑和怨恨。在日本，政府和企业官员之间的传统关系显然是不一般的。在2011年3月11日之前的几年里，巨大的人类安全成本被“归咎于企业贪婪、规划不善和政府监管不力”。[198]总的来说，“在这场危机中，日本的政治精英一直对公众缺乏重视，在政治斗争上浪费了太多的时间和精力，没有采取有效或足够紧急的行动，让公众对东京不再抱有幻想，迫使民众……依靠自己的主动性”。[199]

因为对长期核辐射影响的不确定性，除了民众的怨恨，大众的恐惧和无助感也在日本蔓延开来（不仅仅是靠近福岛的地区）。“对于一个在1945年经历过两次核弹袭击的国家来说”，[200]这一点尤其令人痛心。这种长期的危险感在日本公民的头脑中占据着核心地位。“民众的恐惧和不确定性不是集中在最近发生的已经过去的可怕事件（海啸）上，而是更多地集中在未来未知的事件上——到那时，今天的儿童可能会发现自己成为疾病、社会耻辱或两者兼有的受害者。”[201]由于福岛灾难，“日本的公众对核能的焦虑达到了历史最高水平，除了自然因素的明显贡献外，对政府和工业界对福岛核事故的确切原因的不信任和怀疑也产生了影响”。[202]大多数公众意识到“任何类型的核紧急情况都需要采取紧急行动来保护公民”，尽管政府当局“通常会给受影响者服用高剂量碘化钾，以阻止甲状腺对碘131的吸收”，但人们感到“需要更好、更有效的保护措施”。[203]因此，在福岛灾难发生后的几个月里，这“似乎是一场无休止的全国噩梦”。[204]

由于国家政策摇摆不定，福岛灾难最终严重损害了日本公民对日本政府有能力为他们提供个人安全需求的信心：

第一个星期过去后，政府给人的印象是：灾区的情况正在稳定下来，人们开始回家……随后，政府开始对风险分析失去信心，下令重新疏散……与此同时，许多人对政府失去信心，自行作出撤离安排的决定。大多数离开的人还没有回来。福岛县灾情发生两年后，福岛县人口从202.4万人下降到195.0万人，下降约7.5万人。[205]

即使考虑到政府和企业官员后来的悔悟和认罪，民众对执政政权的信任也没有恢复，更多的市民觉得是在自力更生进行灾后保护。更广泛地说，日本政府安全官员可能会发现自己陷入了一些人所说的“安全悖论”中——他们感到“被迫为一项本质上危险的技术辩护。他们承诺绝对安全，公众对过往的那些解释既敏感又安心，然而当任何故障发生时，公众对他们失去了所有信任”。[206]

模糊、欺骗和（或）意外的意外后果 福岛灾难对人类健康产生了重大的长期负面影响。受影响地区的居民一直在努力应对这个负面影响：“他们继续面临深切的忧思，包括辐射照射、流离失所、家破人亡、生活和生活方式的中断以及大面积环境污染对健康的影响，以及对重建社区至关重要的净化和恢复活动没有可预见的结局。”[207]“从福岛核灾难一开始，日本人就对高辐射水平及辐射对健康的危害一无所知”，并且“为了宣布福岛地区是‘安全’的，政府将暴露阈值提高到国际标准的20倍”。[208]2011年6月，当时的绿色和平国际总部总干事库米·奈都（Kumi Naidoo）博士在东京记者招待会上公布了福岛游乐场受污染土壤的样本，同时批评日本政府对福岛核危机的反应，以及日本政府一直未能优先保护本国人民的健康与幸福：

“星期二，我有幸在福岛会见了老师和学生，看着孩子们天真无邪的面孔，我发现很难想象他们每天暴露在危险的高水平辐射中”，奈都博士说，“虽然日本政府在净化污染方面做了一些努力，但这还远远不够。我们在这儿面对的是真实的人，而不是统计数字。”……“福岛的孕妇和孩子是这个国家的未来。他们是日本坚持使用核能的无辜受害者，从道义上讲，他们必须从高风险地区撤离，直到这些地区完成适当的净化。”[209]

尽管“主流媒体在福岛核灾难发生几个月后就突然停止了报道”，但截至 2013 年 3 月，福岛核事故发生两年后，第一核电站的情况仍然“危急”。[210]2014 年 6 月，福岛的废墟“仍在阴燃”，其对健康的负面影响“比以往任何时候都更为明显”，健康风险持续存在，包括皮肤污染、心理创伤、癌症、儿童甲状腺损伤和甲状腺癌，以及妇女的怀孕问题。[211] 总体而言，“恢复缓慢，可能需要几十年”。[212] 这是由于福岛第一核电站反应堆熔化的核燃料尚未开始清除，而且“据说正式停止使用需要 30 至 40 年的时间”。[213]

福岛核灾难还引发了人们对可再生能源的极大兴趣[214]，并增加了人们对依赖核能的担忧。福岛核电站关闭后，日本政府立即宣布了几项风能和太阳能项目，并“制定了到 2030 年可再生能源发电量占总发电量 25% 到 35% 的目标，届时将向新的可再生能源投资约 7000 亿美元”。[215] 当地对核污染的普遍担忧“不仅导致了对政府信任的崩溃，也导致了公民之间无数更为复杂的分歧”——现在福岛地区的农民由于受到污染风险的影响，无法向同胞推销他们的农作物。[216] 在全球范围内，尽管美国呼吁加强安全防范，却几乎没有改变其核电投入，但德国作出了戏剧性的改变：就在德国前总理安格拉·默克尔（Angela Merkel）制订将该国 17 座核电站再开放 12 年的计划之后不久，福岛核泄漏事件德国公民的反核抗议使她改变了方向，宣布德国所有核电站都将在 2022 年后关闭。[217]

福岛灾难的最后一个意外后果是日本盟国和国际社会对日本更加不信任，它们也在这次危机中受骗。事实上，“国际社会确实不可能清楚地了解福岛核灾难及其真相”，因为很明显“没有可靠的信息来源”。[218] 即使是在福岛危机期间，日本和美国之间也“在最初的信息管理中有一些相互的误解”。[219]

未来管理模糊、欺骗和（或）意外的经验教训　福岛核灾难的第一个教训是，如果一个国家在人类安全仍然受到威胁的情况下，以欺骗的方式隐瞒重要的灾难信息或宣布危机结束，对防止公众恐慌的担忧来说这可能做得太过分了。正如美国政府一直不愿告知其公民核弹袭击的实际破坏力有多大一样，日本政府也害怕告诉其公民福岛放射性尘降物所造成危险的真实程度。由于灾难发生后的风险很高，受灾民众至少有权知道危险是什么以及如何保护自己的基本信息。如果一个国家的政府不提供这类信息，大量的死亡和财产损失接踵而来，那么公民对国家的信任就会急剧下降。

第二个教训是，当公开欺骗和私下欺骗与公共腐败及私人腐败混合在一起时，从公众信任和全球公信力的角度来看，结果可能是有害的。日本政府与腐败、骗人的东京电力公司的不正当关系，在导致日本人民失去对国家公平、有效地处理危机后果的潜力和信心方面发挥了重要作用。这种信任极难恢复。

第三个教训是，当人们的生命和财产受到威胁时，内部和外部的欺骗似乎是最危险的。当旁观者怀疑欺骗的始作俑者故意隐瞒或歪曲可能挽救他们生命的信息时，随后的怨恨和愤怒会特别强烈。如果一些受影响的人认为始作俑者对管理不善负有责任，从而导致风险扩大，那么这种风险会特别高，福岛灾难就是如此。

第四个教训是，随着时间的推移，当大量的传入信息涉及不断变化的估计和警告时，这些信息将很难被吸收。在福岛，这种调整被视为国家无能的表现，而不是国家的专注力和适应能力。这种波动最有可能的安全后果是大规模的混乱。

战略意外案例

2007 年以色列袭击叙利亚阿尔基巴尔核电站

2007 年 9 月 6 日，在午夜后不久的一次袭击中，七架以色列空军战斗机执行了“果园行动”，并通过电子手段使叙利亚防空系统失灵，摧毁了叙利亚东北部阿尔基巴尔附近一处未来核反应堆的秘密场所。对这一暴力行为的策划早在几个月前就开始了：2007 年 5 月中旬，以色列前总理埃胡德·奥尔默特（Ehud Olmert）与美国政府官员联系，询问摩萨德前局长梅尔（Meir Dagan）能否分享叙利亚正在建造核反应堆的情报。[220] 袭击发生后，后续调查显示一家公司偷运了叙利亚反应堆的关键材料。[221] 美国中情局后来透露，叙利亚的核电站的确是一座自 2001 年以来秘密在建的几乎完工的气冷石墨慢化核反应堆。[222] 该装置可能是“伊朗领导的多国核武器组织活动的一部分”。[223] 鉴于选定的位置，也没有连接电网，很明显这个反应堆是核武器计划的一部分，而不是电力生产。[224] 值得注意的是，秘密建造核反应堆将“违反叙利亚根据《核不扩散条约》中承担的义务”。[225]

2008 年 4 月 24 日，美国中情局发布了一段视频，显示叙利亚隐瞒了建造核反应堆的情况。2011 年 4 月，国际原子能机构证实叙利亚的目标确实是一座核反应堆场地。[226] 据美国广播公司报道，在空袭之前，以色列招募了一名间谍，从建筑群内对核反应堆的建造进行地面拍照。[227] 在核设施被摧毁后，“叙利亚迅速采取行动，通过拆除和掩埋反应堆建筑，以及拆除有犯罪嫌疑的设备来掩盖其秘密核活动”。[228] 爆炸发生后不久，叙利亚政府用推土机推平了反应堆现场。当 2008 年国际原子能机构在实地考察发现铀痕迹时，叙利亚绝不允许回访。[229] 尽管有很多次机会，但叙利亚政府在后来任何时候都不愿意承认有关这一设施真实性质的细节。

模糊、欺骗和（或）意外的事件描述　以色列对叙利亚核电站的袭击是一次明确的战略意外。这一意外目的是从叙利亚建造秘密核电站的战略模糊和意外中抢占先机。

> 起初，人们怀疑巴沙尔·阿萨德（Bashar al-Assad）是否真的会尝试建造核反应堆。但他几乎做到了。如果反应堆被激活，用军事手段打击

> 它，可能会把放射性物质撒到风中和附近的幼发拉底河（反应堆冷却所需的水源）中。当我们发现反应堆时，它正处于高级建造阶段，离“热起来”只有几个月的时间。[230]

为了保持空袭意外的优势，从2007年5月起，以色列的行动就必须谨慎小心地保守秘密：

> 这个过程完全在白宫之外进行，以极为有限的参与行动来保守秘密。保密的努力取得了成功，没有泄密——尤其是当信息被如此紧密地掌握在一起时。[231]

这当然是外交安全政策中的一个案例，如果事先透露哪怕是最轻微的阻碍军事攻击的字眼，整个行动都将失败。

信息过载在触发或改变模糊、欺骗和（或）意外中的作用　袭击发生后，国际媒体出现了大量有关以色列空袭叙利亚阿尔基巴尔核电站的信息。具有讽刺意味的是，“尽管特拉维夫（和华盛顿）官方保持沉默，但在爆炸发生后的几天里，美国和欧洲媒体充斥着大量的报道，这些报道主要基于匿名政府来源的信息，声称以色列已经摧毁了一个正在叙利亚秘密组装的新生核反应堆”。[232]因此，从战略意外的发起者那里可以明显看出一个看似矛盾但最终有效的信息传播策略——“很明显，以色列和美国的官员虽然不愿被引述，但他们渴望新闻媒体报道爆炸事件。”[233]

然而，尽管新闻报道非常多，但对实际发生的事情的解释一致性以及对袭击事件的了解程度仍然很低：

> 在9月6日以色列战机进入叙利亚领空的事件中，仍有许多未知之处。评论员不仅对不同参与者的各种动机意见不一，甚至连基本事实也

存在争议。以色列、叙利亚和美国政府都没有详细描述发生了什么。外部专家和媒体评论员对当晚发生的事情给出了各自不同的解释，填补了数据空白。[234]

正如信息过载的典型影响一样，当它包含对重大外国安全行动的多种解释时，“围绕以色列9月6日对叙利亚的明显空袭的谜团，让观察家们有了相当大的余地来解释这一模糊的事件：叙利亚领导人将这一事件描述为以色列的一项战略，旨在增强以色列被猜疑的军事威慑力量的可信度”。“相比之下，大多数西方媒体的报道暗示空袭目标要么涉及核技术，要么涉及其他一些引起扩散关注的目标，这些目标足以使以色列官员感到震惊，他们觉得必须采取行动对付真正的威胁。”[235] 由于以色列空袭的极端秘密性，人们对真正发生的事情始终感到困惑，这种困惑使基于先入为主的偏见的大量反转在解释这一事件中发挥了重要作用。此外，鉴于以色列和叙利亚之间存在无休止的激烈敌对历史，似乎可以合理地假设，叙利亚在过去经常察觉到阻止以色列对其发动攻击性军事行动的众多信号，而且叙利亚有时难以将有意义的信号与干扰信息分开，把严重威胁从闲言碎语中分离出来。

模糊、欺骗和（或）意外的理由和目的 以色列使用战略军事意外的动机是威慑——一位以色列高级官员说这是为了“重建我们威慑力量的可信性”，这表明以色列对有可能存在的叙利亚核武器计划是零容忍的态度。[236] 除了阻止叙利亚人研制可用于对付以色列的大规模杀伤性武器之外，以色列还希望在阿拉伯世界广泛加强威慑：“阿尔基巴尔的袭击可能是为了重建以色列军事机构在对手眼中的霸主地位。”[237] 这一行动在多方面代表了典型的消除潜在重大威胁的强制性军事行动。以色列不能等到反应器完全运行后才采取行动，这样做会有扩散受污染的放射性物质的风险。[238] 以色列最大的担心是有一个敌对的“核邻国”，对阿尔基巴尔的袭击可能是对伊朗的一个警告，或者是为将来突袭伊朗核设施而进行的演习。[239] 最终，“叙利亚在制造核弹的道路上越过了以色列人认为的‘红线’，所以必须被阻止”。[240] 因为叙利亚从未承认核电站建设，因此不可能明确指出以色列在这个特定时期这样做的理由。

以色列在空袭前考虑过外交选项，认为如果失败，军事袭击选项就可以执行，其中包括向国际原子能机构通报情况、要求立即对反应堆进行检查并停止工作、（如果叙利亚拒绝）联合国安理会要求前往采取行动。[241] 然而，外交选项很快就遭到放弃，因为以色列不信任联合国，相信叙利亚在联合国的盟友会保护叙利亚，并且知道国际原子能机构在这种情况下倾向于反对无意义的制裁。[242] 此外，外交失败后使用武力作为最后手段在这种情况下毫无意义：

> 认为军事选项永远是最后手段的说法充其量是误导。一旦我们公开了我们对这个地点的了解，叙利亚可以在它旁边建一所幼儿园，或者使用人体盾牌进行类似的行动。军事行动需要保密，一旦我们对阿尔基巴尔发表任何公开声明，这个选项就会消失。[243]

因此，以色列摧毁核设施似乎是唯一可行的选择。

模糊、欺骗和（或）意外的政策效力　这次空袭的直接结果是军事上的成功：叙利亚无法发展核武器，消除了关键的潜在威胁。[244]《伦敦观察家报》宣布以色列的袭击“可能使世界免于毁灭性的威胁”。[245] 而叙利亚自那时以来没有作出明确的核行动——“没有任何迹象表明大马士革（叙利亚的首都）能够再次玩火。”[246] 在外交上，以色列的攻击似乎“使叙利亚人更希望与以色列人对话，而不是减少对话，因为这使他们害怕以色列的力量”。[247] 此外，这次袭击挫败了伊朗可能在叙利亚建立备用钚设施的任何计划，[248] 这次空袭向伊朗发出了一个明确的信息：“美国和以色列可以识别核目标并穿透防空系统摧毁它们。”[249] 值得注意的是，在以色列空袭之前，“情报收集以及发现叙利亚的核反应堆代表了一次绝对的情报成功”。[250] 因此，以色列完成了它的威慑目的。从长远来看，袭击事件已经过去很多年，而以色列和叙利亚的敌对关系没有解冻的迹象。

模糊、欺骗和（或）意外的感知合法性 全球对以色列空袭的言语反应显然是令人不知所措的：

> 这次袭击特别值得注意的是后来发生的事情：国际社会几乎完全没有对以色列的行动发表评论或批评。这种反应的空白与继1981年以色列的预防性袭击摧毁了伊拉克的奥西拉克反应堆之后相继而来的国际社会的强烈抗议形成鲜明对比。可以肯定的是，由于袭击后缺乏信息，外国政府可能保留了评论。以色列和美国政府在长达7个月的意外行动后立即实施了几乎全部的新闻封锁，叙利亚起初对此保持沉默，随后否认被轰炸的目标是核设施。然而，即使在2008年4月24日美国中央情报局提供了一段12分钟的视频和一段内容广泛的简短陈述之后，国际社会仍然保持沉默。[251]

一个明确的战争行为因为“没有来自叙利亚立刻发起的攻击威胁……这不是一种合理的预期自卫行为”[252]，甚至没有引起国际组织反对的声音，联合国安理会和联合国大会也从未提出过这个问题。[253]“这种缺乏国际批评的情况是值得注意的。”[254]

在袭击之后，“没有一个阿拉伯政府对以色列的袭击发表评论，更不用说对以色列进行外交或其他方面的报复了”。[255]“叙利亚谴责以色列袭击其领空，但这个公开声明是不完整和矛盾的，因此增加了神秘感。”[256]叙利亚和以色列都“基本上坚持了一种奇怪的政策，淡化明显是战争的行为”，[257]甚至在一年多之后，叙利亚对这一事件的评论仍然温和：

> 2009年1月中旬在大马士革附近的王宫……叙利亚总统巴沙尔·阿

萨德坚持说："被轰炸的设施不是核电站，而是一个常规的军事设施。""我们本可以反击的。但我们真的应该让自己被迫挑起战争吗？那我们就会走进以色列的陷阱。"[258]

因为以色列在空袭前已经准确计算出"只要阿萨德能够否认反应堆的存在，他就不会感觉到报复的压力"，以色列人"帮助确保了否认地带的安全"，因为他们"向包括埃及和约旦在内的地区盟友发了简报，并敦促他们的领导人不要对军事打击发表公开声明"。[259]

对以色列少量的批评主要来自前国际原子能机构埃及总干事穆罕默德·巴拉迪（Mohamed Baradei），他只是从媒体报道中得知以色列的袭击。他强烈谴责美国和以色列"先开枪，后提问"的策略，[260]激烈地声称以色列的行动"违反了国际法"，并表示如果以色列人和美国人有非法核设施的情报，应立即通知国际原子能机构。[261]他甚至继续声称原子能机构的专家"仔细分析了卫星图像，说这座建筑物不太可能是核设施"。[262]然而，在 2008 年 6 月对叙利亚的访问期间，"国际原子能机构在被毁设施的现场发现了微小的铀颗粒；尽管这些颗粒尺寸小，难以进行广泛的分析，但原子能机构指出，这些颗粒由经过化学处理的铀组成，并引发了人们对该地点有核用途的担忧"。[263]此外，2011 年 4 月底，前国际原子能机构总干事天野之弥（Yukiya Amano）明确证实，被以色列摧毁的设施是一个正在建造的核反应堆。[264]

鉴于美国参与策划这次袭击，在最初的犹豫之后，美国支持以色列使用武力，并认为叙利亚反应堆"并非用于和平活动"，声称"叙利亚政权必须向全世界坦白其非法核活动"。[265]"这次任务是以色列和美国情报部门 20 多年来对叙利亚发展大规模杀伤性武器进行全面情报收集和分析后产生的"，[266]以色列的袭击最终是"美以合作和机构间合作的样本，没有泄密"。[267]美国自己曾考虑过对叙利亚核设施发动攻击，但是，前总统布什认为"在没有任何警告或宣布理由的情况下轰炸一个主权国家，将会造成严重的反击"，并补充说这样的秘密攻击风险太大。[268]

尽管空袭发生后“没有立即收到以色列政府的任何消息”，[269]但由于通过许多零碎的媒体报道了解到这一点，以色列公民对这一行动抱有非常积极的态度。英国广播公司报道说：“叙利亚境内反应堆遭到明显袭击，被以色列的许多人视为他们军事实力的标志。”[270]以色列情报质量高的全球形象明显得到加强。此外，以色列前总理奥尔默特在国内的个人支持率也得到了提升。袭击发生后，以色列报纸立即进行的民调显示奥尔默特的公众支持率上升了10%，以色列人支持空袭的比例接近8∶1。[271]然而，公众普遍担心持续敌对的邻国对以色列发动袭击，因此没有出现任何军事上的自满情绪。

模糊、欺骗和（或）意外的意外后果　当时仍有三个主要的负面影响，这也是以色列的潜在担忧。第一，以色列对叙利亚核电站的袭击可能无意中助长了非法核武器设施在更难探测的地方建造，如伊朗用于铀浓缩的离心机现在就位于安全的地下隧道中，[272]核设施分散的地下位置可能使未来任何外国拆除行动变得更加复杂，给以色列造成更大的脆弱性。[273]第二，如果说以色列的空袭原本希望发现伊朗的防空弱点，那么实施这一战略后可能适得其反，因为叙利亚防空系统的失败显然促使伊朗在2007年12月购买了更先进的俄罗斯S-300防空导弹系统。[274]第三，外国报复以色列袭击的可能性并没有完全消除。据报道，真主党指挥官伊马德·穆格尼耶（Imad Mughniyah），原计划为以色列袭击阿尔基巴尔报仇，预备袭击以色列驻巴库、开罗或安曼大使馆，但在这一计划实施之前，他于2008年2月12日在大马士革被杀害。[275]这三个影响表明，以色列的攻击确实有可能在以色列与真主党、叙利亚或伊朗国家之间发生恶性的循环暴力反应，一向亲以色列的《耶路撒冷邮报》甚至表达了一种担忧，将空袭描述为“引发战争的事情”。[276]

未来管理模糊、欺骗和（或）意外的经验教训　以色列袭击事件的第一个教训是，“负负得正”原则在使用战略意外的国际关系中仍然有效。由于叙利亚建造核电站违反了国际法（《核不扩散条约》），以色列违反国际法（侵犯叙利亚领空、破坏财产、无视国家领土主权的不可侵犯性）的行为基本上没有受到理会。不管特殊情况如何，无视全球规范很容易破坏一个稳定的世界秩序，并进一步加深全球的无政府状态。

第二个教训是，有时对信息过载的解释混乱可以很好地服务于外国操纵发起者。以色列（和美国）确实从关于这一事件的所有相互冲突的国际新闻报道中获益，因为阻止全球共识无疑有助于避免全球一致谴责以色列的行动。特别是当外国操纵的形式是战略意外时，这种长期的解释混乱会增强战略发起人在未来进行类似战略意外的意愿。

2001 年“基地”组织对美国的恐怖袭击

2001 年 9 月 11 日，19 名恐怖分子仅携带刀具和切割机，摧毁了 4 架商用飞机，毁坏了纽约世贸中心的两座塔楼，并损坏了华盛顿特区的五角大楼（第四架被劫持的飞机本打算飞入白宫，在宾夕法尼亚坠毁）。策划和执行这些袭击的费用仅为 40 万至 50 万美元，[277] 而造成的直接损失估计为 180 亿美元。具体死亡人数是：世界贸易中心 2600 多人，五角大楼 125 人，四架被毁飞机 256 人。这次秘密行动的头目是穆罕默德·阿塔（Muhammad Atta），这位出生于埃及的恐怖分子接替了美国航空公司 11 号航班的飞行员，并驾驶该航班飞往世贸中心北塔。

“基地”组织是一个伊斯兰组织，成立于 1988 年，致力于对美国发动圣战，并发动了“9·11”恐怖袭击，这是“次级群体发动的史上最无所顾忌和最令人震惊的恐怖袭击”。[278] 这个跨国实体由“在传统圈子之外”运作的“暂时的个人群组”组成，但“可以进入全球培训设施和安全避难所网络”。[279] 奥萨马·本·拉登（Osama Bin Laden）是一个富有的、受过良好教育的沙特阿拉伯流亡者，他建立了“基地”组织，而出生于科威特的哈立德·谢赫·穆罕默德（Khalicl Sheikh Mohammed）制订了“9·11”恐怖袭击计划。“基地”组织精心挑选了美国境内的目标——全世界都把纽约的世贸中心视为“美国财富、权力和统治权的象征”，而“五角大楼、美国国会大厦和白宫被选为恐怖袭击的地点，不仅因为它们在美国金融和政治神经中的中心地位，还因为它们的象征价值”。[280]

美国对“9·11”恐怖袭击采取了一系列强有力的、多管齐下的反制措施。第一，在2001年9月20日，前总统布什开始发动反恐战争，他誓言“为了摧毁和打败全球恐怖网络，要将一切资源都集中在我们的指挥之下：一切外交手段、情报工具、执法手段、金融影响力以及每一种必要的战争武器”。[281]他特别提到，恐怖分子和为恐怖分子提供安全庇护所的国家都将成为袭击目标。第二，2001年10月7日，在“9·11”恐怖袭击和直接报复发生四周后，布什发动了对阿富汗的战争，发起了持久自由军事行动。他们在阿富汗的明确目标是击败塔利班和“基地”组织的武装力量。在冲突最激烈的时候，大约有6万名美国士兵参与了战争。阿富汗北方联盟战斗机、美国空军飞机、西方特种作战部队和情报人员以及一小部分西方地面部队参加了这次行动。尽管大部分轰炸行动都在2001年底结束，即阿富汗新政府政权刚刚成立时，但那里的暴力事件在此后很长一段时间内一直持续。在2002年11月，作为“9·11”恐怖袭击的直接结果，美国“通过成立国土安全部，将美国政府的22个分支机构（包括移民处理和执法机构）合并，正式将国内安全和外国游客之间的联系制度化。国土安全部的成立是自1947年前总统杜鲁门将美国武装部队的各个分支并入国防部，以更好地协调国家防御军事威胁以来，美国政府新增加的第一个重要组成部分”。[282]

模糊、欺骗和（或）意外的事件描述　通过使用“高度创新”的战略和战术，[283]“基地”组织在“9·11”恐怖袭击中实施了战略意外，尽管事先有预警迹象：

> 对世界贸易中心和五角大楼的恐怖袭击（以及使袭击成为可能的劫机事件）显然令美国领导层、美国人民和世界人民大吃一惊。然而，不应让这种冲击的严重性掩盖一个令人不安的事实，即恐怖分子的动机和

> 作案手法为许多美国政府内外的恐怖主义问题专家所熟知。世界贸易中心以前曾遭到过袭击，在过去的三十年中，全球各地发生过多起大型客机劫持事件。[284]

事实上，1995 年的一份国家情报评估报告曾预测，未来针对美国的恐怖袭击将在其境内发生。[285]“‘基地’组织对美国的敌意及其对美国领土发动袭击的期望在‘9·11’之前就已为人所知。”[286]美国中情局和联邦调查局甚至事先收到警告，称“基地”组织希望用飞机专门袭击纽约和华盛顿。[287]

“基地”组织使用战略意外是因为它使用了战略欺骗手段。“基地”组织的筹备工作行动都是“以欺骗、否认和秘密行动为标志的”：[288]

> 因此，“基地”组织在准备“9·11”恐怖袭击时采用的一项关键反情报战略就是基于对对手方法和心态的详细了解而进行的欺骗。事实上，这种欺骗之所以如此有效，正是因为劫机者对对手的看法和先入为主的想法了如指掌。从利用可能引起最小怀疑的特工，到劫机者进入美国并在美国境内活动的方法，“基地”组织欺骗和否认的有效性直接源于其合理性。[289]

例如，“基地”组织恐怖分子乘坐头等舱是为了少受检查，“尽管有些人持有合法的护照和签证，但他们显然隐瞒了意图”。[290]他们的训练手册中有关于恐怖分子在西方国家使用欺骗性战术的有用细节。[291]

信息过载在触发或改变模糊、欺骗和（或）意外中的作用　就像日本袭击珍珠港一样，低信噪比是恐怖分子成功实施欺骗和意外战略的关键因素。“在‘干扰信息’中分类的困难（大量错误信息和虚假警报）可能会降低对袭击前可用的关键信号的反应。”[292]特别指出，“在‘9·11’恐怖袭击之前，有相当多的‘干扰信息’，使得‘基地’组织能够通过加强恐怖分子之间的交流来实现战略意外，美国情报部门知道袭击迫在眉睫，但不知道恐怖分子会在何处或如何袭击”。[293] 一位美国政府官员在“9·11”恐怖袭击后评论说，先前的“对有可能发生自杀式劫持事件的警告只是众多猜测中的一个，这很难被发现，因为‘基地’组织威胁和其他恐怖威胁的警告数量有几万个（也可能是几十万个）”。[294]“基地”组织作为发起者的一个特殊优势是“恐怖主义的警示问题异常困难，加剧了个别分析者、官僚机构和决策者在战略意外方面面临的挑战”。[295]

鉴于信息过载的普遍存在以及对传入信息的不确定解读，像“基地”组织这样的恐怖分子在外国操纵方面已经变得相当老练：

> 在这个不对称战争的时代，恐怖组织越来越善于操纵有关其行动计划和行动的信息，以利用对手军事上的弱点使其更胜一筹。2001 年 9 月 11 日“基地”组织对美国的突然袭击就是典型的例子。通过采取包括否认和欺骗在内的反情报手段，“基地”组织得以伪装其在美国境内的行动团体。[296]

“基地”组织已经变得特别聪明，他们利用互联网向世界提供宣传信息：

> 今天的“基地”组织已经不再只是一个组织、一个网络，甚至不是一个网络中的网络。相反，通过利用新的信息和通信技术，“基地”组织已经转变成一个有机的社会运动，让任何有电脑的人都能接触到它的意识形态……通过绕过其他更传统的媒介，互联网不仅创造了工具，而且创造了一个全新的公共讨论场所，以培养全球对不受政府审查或传统文化规范约束问题的认知。[297]

“基地”组织对互联网的使用“与世界各地发生的更广泛的基层活动模式相一致”，包括努力“协调运动的活动、事件和行动，与运动的参与者讨论感兴趣的话题和新闻；传播宣传、教育和培训材料；识别、招募和交往新成员，并发现和利用有关其反对的信息”。[298] 在美国及其盟国在阿富汗驱逐塔利班后，“基地”组织的高级领导人“利用互联网取代他们被拆除的训练营，重新连接他们被削弱的组织，重建他们的领导层”。[299] 随着时间的推移，“圣战网络用户越来越意识到政府试图监控他们的行为”，因此“圣战组织在网络上发布了关于安全使用技术的协议”，不会有被发现的风险。[300] 如果没有信息技术的迅速发展，像“基地”组织这样的跨国恐怖组织的影响将更加可控。

由于当时美国普遍存在的防御性误解，使美国成为“基地”组织的一个特别有吸引力和易受攻击的操纵目标。美国安全政策制定者沉溺于“高估过去在减少航空公司劫持事件方面的成功，对当前的空中安全系统过于自信，对先前质疑现有航空公司安全政策的警告不敏感”。[301] 在这种有缺陷的安全分析中嵌入了“一种有助于缓解焦虑的一厢情愿的想法，但代价是增加脆弱性”。[302] 就连美国前国家安全顾问康多莉扎 · 赖斯（Condoleezza Rice）也担心，在美国“9·11”恐怖袭击的前奏中，官僚主义惰性的破坏性影响可能会削弱人们灵活感知和应对意外干扰的能力。[303]

美国政府一直对“基地”组织的威胁感到自满。“9·11”委员会报告指出，由于“在‘9·11’事件之前，‘基地’组织及其分支机构杀害了不到 50 名美国人，包括东非大使馆爆炸案和‘科尔号’军舰爆炸案（2000 年 10 月美国海军科尔号驱逐舰被炸事件），美国政府严肃对待这一威胁，但这并不是为了集中力量去对抗一级、二级甚至三级的对手”。[304] 更广泛地说，“‘9·11’事件发生的前十年，世界范围内的宗教激进主义的激增及其对西方国家的仇恨在美国基本是被忽略的”。[305] 值得注意的是，“认为恐怖主义是发生在国外的事情，这一挥之不去的（而且是令人欣慰的）信念也导致美国本土缺乏防范灾难性恐怖主义威胁的准备”。[306] 20 世纪 90 年代，联邦调查局向政府恐怖主义专家保证，他们“已经‘解决’了美国‘基地’组织的问题”。[307] 尽管比尔 · 克林顿（Bill Clinton）和乔治 ·W. 布什都明白“基地”组织对美国构成威胁，但“9·11”委员会报告认为，在“9·11”之前，“我们不认为他们完全理解‘基地’组织可能会杀死多少人，以及多久之后会这样做”——“高级官员们不确定这是不是美国几十年来所面临的一般恐怖威胁中的一个新版本，或许这就是一个全新的版本，并造成了前所未有的恐怖威胁。”[308]

这种自满感不仅在美国政府官员中表现得很明显，在美国媒体中也表现得很明显。2001年早些时候，当有人提出美国未来遭受恐怖袭击的问题时，“一位知名出版物的资深记者”说：“这并不重要，这些都不会发生。”[309]“9·11”委员会报告指出，“无论是在2000年还是在2001年的前8个月，美国都没有任何一个民意调查机构认为恐怖主义的问题已经引起了公众足够的注意，会在一次重大的全国性调查中提出有关恐怖主义的问题”。“基地”组织和恐怖主义的话题在2000年的总统大选中没有太多的讨论；而“国会和媒体很少关注”这一话题。[310]因此，自下而上和自上而下的根源都解释了恐怖主义威胁被低估的原因。

模糊、欺骗和（或）意外的理由及目的　“9·11”恐怖分子对美国的袭击进一步推动了“基地”组织的目标，即“将该组织推上世界舞台，引起全球的关注”，以及“通过提供一个有条不紊的计划、个人牺牲和服从上帝意志而取得成功的行动案例，使支持者变得激进和行动起来”。[311]“基地”组织是一个特别难以预测和挫败其目标和战略的发起者，“大多时候，失败的评估集中在受害者的错误上，而不是对手的技能上”——“由于其跨国性和庞大的规模使‘基地’组织很难瓦解，这两种因素使它如果失去了一个细胞或熟练的操作人员，仍能在其他地方继续行动。”而且，该组织“已证明有能力修改其方法和结构，以应对挫折或失败”。[312]

美国对“9·11”恐怖袭击的反应是出于愤怒和复仇的愿望。美国公民对“9·11”恐怖袭击的反应充满不确定性和恐惧，[313]以及震惊、自豪和愤怒的混合体：他们到处悬挂美国国旗，尽可能表现出团结和爱国精神，参加大型祈祷守夜，并赞许地聆听托比·基思（Toby Keith）的《愤怒的美国人》（*Angry American*）这一乡村歌曲，许诺迅速而果断的报复。

模糊、欺骗和（或）意外的政策效力 “9·11”事件对美国的袭击在短期内非常有效地促进了“基地”组织的目标，即在全球宣传其事业、吸引新兵以及降低公众对政府保护能力的信任。从心理上来说，“这些袭击粉碎了美国的自满情绪，取而代之的是对一个新的威胁美国生存的组织的恐惧”。[314]“基地”组织因此在全球反西方民众中取得了公共关系的胜利，其影响是不可估量的：

> 更重要的是，这些袭击是为了传达“基地”组织事业的实力，同时表明美国政府及其所代表的一切的脆弱性。通过这种方式诋毁美国实力，“基地”组织试图在它认为是一个处于战争状态的世界中确立其意识形态至高无上的地位。[315]

鉴于恐怖分子对美国的袭击，“‘基地’组织成功地利用了情报和反情报，本身就是一种令人印象深刻的实力展示”，体现了“该组织通过战胜其情报部门（美国实力最知名的象征之一）来挑战美国权威的能力”。[316]总的来说，欺骗性和令人惊讶的“9·11”恐怖袭击为其他恐怖组织提供了效仿的黄金标准。

对美国公众来说，在“9·11”恐怖袭击中，“基地”组织成功、果断地改变了他们对威胁的看法，使他们感到脆弱和无助，因为“美国航空旅客的集体安全感消失了”。[317]虽然美国公众对“9·11”恐怖袭击的反应是爱国主义和对国家的支持，但与此同时，他们对自己的政府允许一场不可思议的外国袭击在美国本土发生感到不安。美国公众对美国情报机构未能预测和阻止“9·11”恐怖袭击感到特别沮丧。

然而，从长远来看，针对“9·11”恐怖袭击采取的多管齐下的强制性军事反应确实让“基地”组织的状况更加艰难。“基地”组织的许多最高领导人是通过美国无人机的空袭而丧生的。2011 年 5 月 1 日，本·拉登在美国特种部队袭击他在巴基斯坦的住所时被击毙。

尽管如此，由于“9·11”恐怖袭击的遗留问题，在很大程度上全球恐怖主义威胁今天依然存在，全球恐怖袭击的脆弱性仍然很高：

> 恐怖主义在资金、计划和执行方面是一种分散的现象。清除本·拉登并不能结束威胁。事实上，在短期内甚至会变得更糟，因为肯定会有人想证明他们仍然可以打击西方国家。[318]

模糊、欺骗和（或）意外的感知合法性　西方国家普遍认为“基地”组织对美国的“9·11”恐怖袭击是令人发指、不公平和不道德的。对于那些在全球范围内“与圣战组织和‘基地’组织关系密切”的人来说，他们通过一个活跃的网络社区为“9·11”恐怖袭击合法化服务，“帮助本·拉登获得支持，并促进……非阿拉伯圣战支持者之间的交流”。[319] 甚至“9·11”委员会报告也承认，“基地”组织“通过要求纠正政治上的不满，在阿拉伯和伊斯兰世界获得了广泛的支持”。[320]

美国人民担心他们的政府会被这样一次毁灭性的外国袭击吓得措手不及，“就像六十年前偷袭珍珠港事件一样，引发了愤怒的民众要求一个独立的调查机构调查袭击前的情报和政府失责”。[321] 尽管如此，十年后的 2011 年 5 月 1 日，当本·拉登最终被击毙时，大约有 200 人聚集在白宫外，挥舞着美国国旗，高唱着美国国歌；[322] 另一大群人聚集在纽约的世贸中心放声歌唱。[323] 相比之下，在本·拉登死后，阿拉伯世界的大部分人以悲伤和愤怒来回应，“与美国的庆祝活动形成鲜明对比的是，在本·拉登的故乡沙特阿拉伯街头，很多人都有一种难以相信和悲伤的情绪”。巴勒斯坦伊斯兰组织哈马斯悼念本·拉登是一位“阿拉伯圣战者”；[324] 而“来自中东各地的阿拉伯人在半岛电视台等主流媒体网站上对本·拉登的死讯进行回应，压倒性地谴责美国”。[325] 这些对本·拉登之死截然相反的回应，说明了全球不同文化中对合法性的看法极为不同。

模糊、欺骗和（或）意外的意外后果　“9·11”恐怖袭击的一个意外后果是，美国与中东盟国之间的关系日益紧张，而“基地”组织恐怖分子正是从这些盟国中产生的。美国指责一些以前友好的伊斯兰国家暗中帮助“基地”组织。例如，“9·11”委员会报告指责波斯湾国家的捐助者，特别是沙特阿拉伯，为“基地”组织提供核心资金；[326]后来，美国对巴基斯坦在本·拉登被击毙前窝藏他表示失望。

“9·11”恐怖袭击的另一个密切相关的意外后果是美国人对伊斯兰的恐惧情绪高涨，在伊斯兰参与了许多全球暴力行动之后，这种恐惧情绪在美国和西方国家进一步升级。许多美国人似乎无法清楚地区分虔诚的信徒和狂热的激进分子，结果把他们都归在一起，这对美国人的生活方式构成严重威胁。

未来管理模糊、欺骗和（或）意外的经验教训　从“9·11”恐怖袭击中得到的第一个重要教训是，如果战略意外被巧妙地执行，关键信号被大量的干扰信息包围，那么提前预警和有效预防应该是极不可能的。考虑到对“9·11”恐怖袭击的周密计划，以及需要在时间压力下进行处理和整合的错综复杂的不连贯线索，一些分析人士的批评类似于对英国“脱欧”事件的批评方式——认为“责任官员应该能够在袭击发生之前把谜团拼凑起来并挫败袭击”，这似乎是不现实的。[327]

第二个重要教训是，部分有技巧的非国家组织往往能够比现有的大国更迅速、更灵活地适应不断变化的信息技术。正如前国防部长唐纳德·拉姆斯菲尔德（Donald Rumsfeld）敏锐地指出：“我们的对手已经熟练地适应了当今媒体时代的战争，但是……我们的国家还没有。”[328]

第三个重要教训是，大规模的国防开支并不能自动转化为适当的警觉、警告、警惕，以及为外国恐怖分子的欺骗和突然袭击作好准备。在“9·11”事件之前，尽管美国关注恐怖主义威胁并投入大量资源用于反恐工作，但美国对准备工作的充分性过于自满，以及无法在非常嘈杂的通信环境中集中连接不同的警告信号，干扰了对收到的信息的正确解释和及时制定有效的应对措施。从某种意义上说，用参与了大量的反恐行动来安慰自己，这为意外的外国恐怖袭击打开了方便的大门。

1990年伊拉克袭击科威特

对当时的许多观察者来说，1990年伊拉克袭击科威特以及国际社会对此的反应标志着一个新时代的开始。尽管一些分析者可能会质疑是否将1990年的这个案例纳入互联网时代范畴，但到20世纪90年代初，全球北部国家的政府官员和私人公民都可以通过拨号调制解调器访问网络论坛（BBS，跨位置数字公告牌服务），从而可以访问到前所未有的数据宝库，因此将这个案例纳入本研究是合理的。

1990年8月2日凌晨2时，伊拉克开始精心组织对科威特的为期3天的袭击。作为世界第四大军事力量，[329]伊拉克能够迅速向科威特派遣12万名士兵、850辆坦克、许多直升机和卡车。不到一小时，伊拉克军队就到达了科威特城。天亮时，伊拉克坦克袭击了王室官邸达斯曼宫。“埃米尔（对某些穆斯林统治者的尊称）已经逃入沙特沙漠，但他的私人卫队和同父异母弟弟谢赫·法赫德·艾哈迈德·萨巴赫（Sheik Faud al-Ahmad al-Sabah）留下来保卫他们的家园；谢赫被枪击身亡。”[330]不久，军队控制了科威特，大部分科威特武装力量被伊拉克军队击败，或者逃到沙特阿拉伯和巴林。伊拉克随后吞并科威特使其成为伊拉克第十九个省。

科威特呼吁国际援助后，联合国安理会通过了一项决议（14：0，也门弃权），要求伊拉克立即撤出科威特，但伊拉克继续无视联合国的制裁和要求，国际社会的反应是“前所未有的”——海湾战争是在联合国批准下开始的，28个国家组成的国际联盟由美国领导以及70万空军、陆军和海军组成。[331]1991年1月16日至2月28日进行的为期43天的沙漠风暴行动，是“自‘二战’结束以来美国军事动员最广泛和最迅速的一次行动”。[332]在联军对机场、指挥控制中心、导弹发射场和雷达站等伊拉克战略军事目标进行了长达1个月的全面空袭和导弹袭击后，地面部队在战争的最后100个小时里开始了全面推进。到2月底，战争结束了，联军打败了伊拉克军队，使科威特摆脱了长达7个月的占领。

美国在这场战争中的迅速胜利是由于其技术优势。美国相比伊拉克有着巨大的技术优势，[333]尤其是在先进的空中力量方面。“海湾战争显示了空中力量的巨大优势，但也有其他极为有利的客观因素，因为美国派出了一支规模庞大、训练有素的作战部队，还获得了几乎所有主要军事和金融力量的支持，并选择了最适合空中作战的开战时间和地点。”[334]

模糊、欺骗和（或）意外的事件描述 尽管美国把伊拉克看作其安全警告的主要焦点，但在1990年8月伊拉克袭击科威特时，美国还是成了一个战略意外的牺牲者：

> 尽管伊拉克于7月底在科威特边境集结了大量兵力，布什政府还是对这次袭击感到惊讶……政府官员说，他们基本上没有作好迅速反应的准备。由于未能预料到伊拉克的突袭，政府内部就袭击前几天情报评估的质量展开了激烈的辩论，其中包括中央情报局对其工作进行了不同寻常的公开辩护。尽管许多证据表明这场袭击使美国国家安全高级官员措手不及，但尚不清楚的是，这是因为情报失误，还是决策者对局势的误读（他们认为伊拉克军队的集结更多的是一种武力展示，而不是战斗的最后准备）。[335]

伊拉克的袭击也给科威特和其他阿拉伯国家带来了冲击。“很少有阿拉伯国家的政府真的预料到伊拉克会袭击科威特”，因为它们认为伊拉克的扩军只是一种武力展示，阿拉伯联盟禁止一个阿拉伯国家袭击另一个阿拉伯国家是为了防止战争。[336]

信息过载在触发或改变模糊、欺骗和（或）意外中的作用 在伊拉克袭击科威特的事件中，信息过载、文化表达方式的差异以及对信号的曲解都非常明显。1990 年 7 月 25 日，在萨达姆·侯赛因与美国驻伊拉克大使阿普里尔·格拉斯皮（April Glaspie）的一次会晤中，阿普里尔对萨达姆说："美国认为边界争端不是自己的事"，但"它们（伊拉克和科威特）"通过外交途径"以非暴力方式达成和解，这显然是我们的事"。不久之后，伊拉克发布了一份会议记录，引用格拉斯皮大使的话："美国对阿拉伯国家之间的冲突没有意见，就像你们与科威特的边界分歧一样。"这似乎给伊拉克对科威特采取军事行动开了"绿灯"。[337] 2004 年 1 月 17 日，萨达姆在 2003 年伊拉克战争后被捕时接受采访时说，他回想起这次袭击"根本上是伊拉克和科威特之间的争端"。[338] 然而，布什后来在他的回忆录中写道："没有人，特别是萨达姆·侯赛因，可以怀疑美国对海湾地区有着强烈的兴趣。"[339] 这种对比更能反映出巨大的文化差异，而不是记忆上的差异。

萨达姆·侯赛因似乎是一个过度自信的"高风险赌徒"，他利用选择性注意力来有利地解释趋势：

> 1980 年，萨达姆低估了伊朗击退军事袭击的能力，结果导致了长达 8 年的战争，造成 10 万名伊拉克人死亡，使巴格达损失近 5 万亿美元。他低估了美国的想法。[340]

由于萨达姆未能准确解读安全形势，因此"他所认为的无懈可击的主张""他对伊拉克在泛阿拉伯安全和身份中的中心地位的信念""他对经济实力的渴望""他认为可以迅速拿下科威特，并向世界展示一个既成事实"等一系列错误的认知，造成了他作出了彻底错误的判断。[341]

美国中央情报局 7 月 25 日发布的一份"战争警告"备忘录强调袭击科威特迫在眉睫，但并未引起高层决策者些许关注。[342] 早在 7 月中旬，就有许多关于伊拉克扩军的情报报告发布，但政府分析人士得出结论说："伊拉克是在虚张声势，迫使科威特和 OPEC（石油输出国组织）其他成员国提高油价，减少剩余石油产量。"[343] 美国高级决策者相信"伊拉克的武力威胁是虚张声势的，不是真实的”，他们仍然“对正在发展的危机的严重性无动于衷”，一直到“危机发生前几个小时，但这对于有用的军事或外交威慑来说已经太晚”。[344] 他们都对安全处境存在重大误解。[345]

信息过载直接导致美国决策者不愿意相信这些警告信号。由于萨达姆·侯赛因过去的战术，“狼来了”的谎言使接受者轻视了这些警告，而倾向于得出不那么令人担忧的结论。各种信息相互矛盾，信噪比很低。例如，美国驻伊拉克大使发来电报，指出“萨达姆保证，由于伊拉克和科威特即将在吉达和巴格达举行会谈，他无意采取军事行动”。[346] 即使那些预测伊拉克袭击的信息也存在着模糊的情况，因为任何攻击的规模和范围都极不确定。[347] 最后，注意力被分散，因为事实证明，美国政府和世界其他大部分地区“被中东以外的事件诱使人们产生了一种虚假的和平感”。[348]

模糊、欺骗和（或）意外的理由和目的　伊拉克政府袭击科威特的理由是多方面的。在袭击前不久，“伊拉克指责科威特用石油淹没世界市场，并要求科威特对开采两国有争议的边境油田的石油进行赔偿”。[349] 作为中东最大的产油国，科威特在 1989 年开采了超过 OPEC 的石油配额 70 万桶的石油，希望“迫使萨达姆坐到谈判桌前，从他那里获得边界休战协定，其中包括鲁迈拉（有争议的油田）开采权以及一项互不侵犯条约”。[350] 石油过剩导致全球价格疲软和财政收入下降，在巴格达引发了“一场严重的金融危机”。伊拉克前外交部长塔里克·阿齐兹（Tarig Aziz）声称“每桶石油的价格每下降 1 美元……导致伊拉克年收入下降 10 亿美元”。[351] 领土争端也是一个导火索：伊拉克从未同意科威特对科威特附近两个无人岛（布比延岛和瓦尔巴岛）的控制，从而限制了伊拉克进出波斯湾。[352] 此外，尽管科威特王室自 1756 年以来一直在那里统治，但伊拉克一直认为科威特是伊拉克南部省份的一部分，即使科威特在 1899 年成为英国的保护国并在 1961 年独立。[353] 伊拉克有着区域霸权的愿望，“萨达姆认为波斯湾是伊拉克‘天然’的势力范围”，并在波斯湾“阿拉伯国家竞相争夺统治地位的”背景下，“明确打算在更广阔的阿拉伯世界发挥作用”。[354] 萨达姆·侯赛因在 1990 年 5 月和阿拉伯国家联盟的一次讲话中对科威特表示愤怒。他在讲话中说：“我们已经到了无法承受压力的地步。”[355] 在 1990 年 7 月 17 日的一次讲话中，他谴责了“海湾国家的某些统治者”，认为他们“把淬青的刀插在我们的背上”。[356] 萨达姆·侯赛因一个人作出了攻击科威特的决定，赌“他可以通过夺取这个石油资源丰富的小国来帮助偿还债务”[357]，有一部分债务是与伊朗的长期战争带来的。

许多外部分析人士认为，美国在获取科威特石油及其分销方面的战略利益在美国对伊拉克袭击的反应中发挥了重要作用。[358] 此外，“美国军事干预的规模和时机已将伊拉克袭击和科威特主权这一重要问题淹没在阿拉伯自决的更大问题中，即反对华盛顿将霸权强加给海湾地区和阿拉伯世界”。[359]

模糊、欺骗和（或）意外的政策效力　伊拉克在袭击科威特时使用了战略意外，这在军事上取得了短期成功，但在长期政策上却没有效果。尽管伊拉克在实现战略目标和实际接管并占领科威特方面进展迅速，但这一结果很快被 1991 年海湾战争逆转。发生这种逆转的部分原因是“伊拉克将危机保持为‘阿拉伯事务’的战略完全失败了”。[360] 总的来说，尽管萨达姆认为海湾战争在某些方面是“有益的”，[361] 但他的“赌博没有得到回报，他误解了国际社会在中东稳定的利益”。[362]

以一种奇怪的相似方式，联军在 1991 年海湾战争中的军事胜利也只有短期的积极回报。“萨达姆·侯赛因仍然在伊拉克掌权，他能够如此凶猛地镇压国内对手的这一事实，让许多人感到这次行动只取得了部分成功。”[363]

模糊、欺骗和（或）意外的感知合法性　全世界认为伊拉克袭击科威特是不合法的，违反了禁止在另一个主权国家里单方面使用武力的规定。[364] 在中东，“对大多数阿拉伯人来说，最初的反应是震惊，并且不赞成袭击”。[365] 全球的谴责很快接踵而来。在一次紧急会议中，联合国安理会呼吁伊拉克军队“立即无条件”撤出科威特，并于 1990 年 8 月 6 日对伊拉克实施了国际贸易禁令。英国前首相玛格丽特·撒切尔（Margaret Thatcher）指责袭击是“绝对不能接受的”。[366] 许多国家冻结了科威特在海外的资产，以剥夺伊拉克军事胜利的果实。

更糟糕的是，在控制科威特期间，伊拉克军方“烧毁 700 多口科威特油井，并开通管道让石油流入海湾”。[367] 这种行为进一步削弱了伊拉克袭击科威特的合法性，激怒了国际社会。

模糊、欺骗和（或）意外的意外后果　在伊拉克袭击科威特以及 1991 年海湾战争失败后，伊拉克的区域形象和影响力没有受到严重打击。在被抓获之前，萨达姆·侯赛因似乎相对不受这种冲击的影响，“尽管经历了三次代价高昂的战争、多次国内叛乱，但他作为国家元首的任期比他的所有前任都长”：[368]

> 萨达姆将自己视为包括尼布甲尼撒（Nebuchadnezzar）、汉谟拉比（Hammurabi）和萨拉丁（Saladin）在内的一长串伟大的伊拉克领导人中的最新一位。他自恋而且很有远见……在萨达姆看来，能在史无前例的攻击面前还继续掌权，仅这一点就构成了一场惊人的胜利。[369]

尽管如此，在袭击科威特之后，萨达姆·侯赛因似乎显得更加内敛，在面对可信的反威胁时退缩了：

> 海湾战争期间，萨达姆没有对美军使用生化武器，这显然是为了回应白宫威胁他和他的国家将“付出惨重代价”。1993 年，他暂时停止干涉联合国武器核查人员，试图避免与美国对抗。[370]

萨达姆的冒险行为常常使盟友疏远他，他们中的大多数人反对袭击科威特。自 1991 年海湾战争结束后的这些年里，中东地区的无政府暴力事件不断增加。许多阿拉伯人对“美国在该地区非常有选择性地反对袭击的明显虚伪行为”感到愤怒。[371]

未来管理模糊、欺骗和（或）意外的经验教训　伊拉克袭击科威特事件的第一个教训是，意图情报比能力情报更重要，而这也通常更难获得。情报分析人员更容易观察到伊拉克军队在科威特边境高度可见的集结，而不是区分伊拉克的意图只是先发制人地展示武力，还是企图实际发动全面军事袭击科威特。尤其是在试图应对处理微妙的外国信息时，主要依靠诸如部队调动或国防开支增加等有形事态发展来解释信号，不能取代获得高质量的对文化敏感的情报，从而了解对手在这种军事行动中的计划。

第二个教训是，较小的国家，即使受到大国的追踪调查，仍然可以成功地运用战略意外和欺骗。在信息环境中产生如此大的干扰信息并不需要太多的资源或太多的心思，也可以使外部人员很难正确地解释当前正在发生的事情和可能在不久的将来发生的事情。当对手领导人被认为是鲁莽行事时，战略欺骗和意外会起到更好的作用，因为摆在桌面上的选择范围更为多样化，对最有可能采取的行动进行审慎的外部成本效益分析，其价值可能具有误导性，而且对鲁莽威胁的真正含义的解释能力可能更低。

第三个教训是，成功实施战略操纵并不一定能保证长期安全。在熟练运用欺骗手段的基础上，伊拉克对科威特发动了突袭。但不久之后由于外部干预，结果发生了逆转，伊拉克军队被击败。因此，战略操纵带来的收益有时会被证明是转瞬即逝的。

第四章　新兴案例模式

第三章案例分析展示了在信息过载下战略操纵如何影响全球安全的关键变量。表 4.1、表 4.2、表 4.3 和表 4.4 显示了 20 个关于案例背景环境、案例发起者的进攻性操纵、案例目标的防御性反应和案例的战略结果等指标。案例背景包括发起者身份、发起者类型、目标身份、目标类型和事件日期。案例进攻性操纵包括发起者的安全目标、冲突诱因、操纵类型、信息过载的暴露和行为助推力。案例防御性反应包括目标的反应能力、能力劣势、安全反应、公民态度和外部援助。最后，案例的战略结果包括安全影响、短期有效性、长期成功性、合法性形象和意外影响。

广泛的案例趋势

总的来说，信息过载在提高操纵概率和可用操纵技术范围方面发挥了重要作用。战略上的模糊、欺骗与意外在推进当前的安全目标方面，短期成本相对较低，而且往往是极其有效的。尽管各国政府在获取和控制操纵手段方面具有一定的优势，但 2001 年“9·11”恐怖袭击和 2016 年英国“脱欧”投票退出欧盟这两起非国家操纵发起者案例表明，非国家组织在扭曲或伪造信息方面可以和国家一样获得成功。然而，尽管战略操纵具有普遍性，但其使用的合法性相对较低，通常会产生影响发起者国际关系的重大后果。

表 4.1　案例背景

案件	发起者	发起者类型	目标	目标类型	事件日期
“9·11”恐怖袭击	“基地”组织	非国家群体	美国	主权领土	2001 年 9 月 11 日
攻击科威特	伊拉克政府	国家	科威特	主权领土	1990 年 8 月
“脱欧”投票退出欧盟	英国独立党民粹主义政党 出版界 / 数字和社交媒体	非国家群体	英国政府	国家政府	2016 年 6 月 23 日
摧毁阿尔基巴尔核电站	以色列政府	国家	叙利亚	主权领土	2007 年 9 月 6 日
福岛核灾难	日本政府	国家	日本人民 国际社会	公民 外国政府	2011 年 3 月 11 日
寻找大规模杀伤性武器	伊拉克政府	国家	美国	国际组织	2002~2003 年
特朗普的外交安全政策	美国前总统特朗普	国家元首	美国的盟友和对手	各国政府	2017 年 1 月 ~2021 年 1 月

表 4.2　案件发起者的进攻性操纵

案件	安全目标	冲突诱因	操纵类型	信息过载	行为助推力
“9·11”恐怖袭击	散布对国家的恐惧和不信任	仇恨美国	欺骗和意外	大量干扰信息和虚假信号	国际暴力力量
攻击科威特	扩大领土控制	世界市场的科威特石油泛滥	意外	干扰信息和冲突数据	国际暴力力量
“脱欧”投票退出欧盟	维护主权和抵制外国干涉	英国经济困境与移民涌入	模糊、欺骗与意外	一连串相互矛盾的新闻	内部和平影响
摧毁阿尔基巴尔核电站	防止核武器发展	核设施建设	欺骗和意外	全球媒体的广泛报道	国际暴力力量
福岛核灾难	维护秩序和防止恐慌	地震和海啸	欺骗	国家指导不一致	内部和平影响
寻找大规模杀伤性武器	掩盖武器藏匿范围	联合国视察和美国大规模杀伤性武器索赔	模糊和欺骗	许多不同的断言	内部察觉到的隐藏行为
特朗普的外交安全政策	计划的不可预测性和使对手措手不及	2016 年总统大选	模糊和意外	特朗普大量相互矛盾的推文	国际力量预测

表 4.3 案例目标的防御性反应

案件	反应能力	能力劣势	安全反应	公民态度	外部援助
“9·11”恐怖袭击	非常高	无	2001 年阿富汗战争	愤怒和复仇的欲望	有（曾要求过）
攻击科威特	低	高	1991 年海湾战争	对伊拉克暴行的愤怒	有（曾要求过）
“脱欧”投票退出欧盟	非常高	高	顺从接受	混杂但情绪强烈的观点	无
摧毁阿尔基巴尔核电站	高	中等	沸腾的沉默	伊拉克公民的怀疑	无
福岛核灾难	低	高	对政府的批评和不信任	愤怒和怨恨	低
寻找大规模杀伤性武器	中等	中等	持续的困惑	怀疑与困惑	无
特朗普的外交安全政策	低	高	困惑和不信任	夹杂着强烈的情感观点	无

表 4.4　案例的战略结果

案件	安全影响	短期有效性	长期成功性	合法性形象	意外影响
“9·11”恐怖袭击	高：内心的不安和人员 / 财产损失	高	低：“基地”组织的衰落	低	美国国内爱国主义情绪高涨，伊斯兰恐惧症增强
攻击科威特	最低：攻击被拒绝	高	低：海湾战争逆转结局	低	加强美国和科威特的石油关系
“脱欧”投票退出欧盟	高：被迫脱离欧盟	高	混合：欧洲大陆不稳定	中等	扩大英国的区域外联系
摧毁阿尔基巴尔核电站	高：核推力受阻	高	高：持续摩擦的风险	低	来自伊朗的威胁增加
福岛核灾难	高：大量人员 / 财产损失	低	低：内部 / 外部形象恶化	低	越来越多的人反对核能
寻找大规模杀伤性武器	最低：美国还是袭击了伊拉克	混合	低：萨达姆下台	低	美国的信誉损失和情报质疑
特朗普的外交安全政策	高低混杂：各方警惕	混合	混合：未来存在不稳定震荡的风险	混合	政策解读的混乱与分歧

信息过载下的发起者操纵便利化

这些案例表明，在信息过载的情况下，透明度和清晰的理解力有时可能是不可取的，而在有限的情况下，比如在直接沟通功能失调的情况下，基于模糊、欺骗与意外的增强误解可能会达到良好的战略目的。有时，政治领导人试图在公民中培养愤世嫉俗的人，让他们接受阴谋者的解释和关于真相的不确定性，以协助操纵他们走向事先安排好的政治偏好。重大风险与初始化操纵有关，包括引发行动—反应循环、区域暴力蔓延以及更广泛地无视约束规范。民族主义、本土主义运动在全球兴起，这增加了成功操纵目标的可能性，尤其是在促进情绪上的仇外心理或反建制情绪方面。

更具体地说，这些案件中的操纵在短期内（尤其是军事上）通常是相当有效的，但从长期来看（尤其是政治上）就不那么有效了。非国家发起者，以“9·11”袭击美国的“基地”组织恐怖团体和英国“脱欧”案中的纸质媒体和数字社交媒体为例，它们能够像国家发起者一样有效地利用外国操纵的工具。在发起者含蓄或明确试图颠覆现状的情况下，如“9·11”恐怖袭击、英国“脱欧”以及伊拉克对科威特的袭击，这些事件的成功率与发起者试图维持现状时一样高。在操纵发起者和目标之间发生对抗的触发因素得到广泛承认的情况下，肇事者才会想到触发因素会导致这样的问题。有趣的是，尽管操纵通常被视为武力的替代品，但在大多数情况下，发起者会将操纵和暴力结合起来。

信息过载下的目标操纵弱点

这些案例表明，在当今瞬息万变的世界里，对自己现状的自满往往包含着一厢情愿的想法，而这可能是致命的。即使是拥有巨额国防开支和巨大情报能力的强国，也极易受到外国的操纵。目标对坚定信念的矛盾心理往往会导致这种战略操纵。截然相反的信息过载的位置会增加目标的混淆程度，并且目标混淆程度越大，其反应就越不连贯，通过操纵可能产生的解释范围就越广。危机时刻的压力可能会增强战略操纵的影响，因为目标无法充分交叉核对收到的信息，也无法在彻底分析其成本和收益之前作出决策和采取行动。许多目标在被操纵之后，相对来说仍然不了解战略上的模糊、欺骗与意外及其含义。

更具体地说，尽管国家似乎是国内外操纵的主要发起者，但国家政府似乎是私人操纵的目标，就像公民是国家操纵的目标一样脆弱。操纵不仅影响到外国目标，而且影响到国内目标，如福岛核灾难反应的影响，表明国内公民与外国政府一样，容易受到战略模糊、欺骗与意外的影响，并且他们目标反应的愤怒、怨恨和困惑更加强烈。在大多数情况下，战略操纵目标处于决定性的权力劣势，但在目标的应对能力很高的情况下（美国对“9·11”袭击、英国政府对“脱欧”投票、叙利亚对阿尔基巴尔的攻击）严重的制约因素阻碍了操纵发起者可用权力的使用。

战略模糊、欺骗与意外的特定模式

这些案例表明，战略模糊性与将发起者视为不可预测和想法混乱的人密切相关，尽管这可能是精心计划的表现。当模糊性被用于一个有着强烈先入为主印象的高度敏感的目标上时，它似乎很好地弥补了模糊沟通所带来的不确定性或矛盾性。与此相反，模糊性在对付铁石心肠的对手时效果很差，因为他们能够虚张声势，并以暴力回应。

这些案例表明，战略欺骗可以减少反作用，增加似是而非的可否认性，并使归因复杂化。在自己的势力范围内，欺骗和意外似乎更加有效。如果再加上政府腐败的形象，揭露政府的欺骗手段往往更刺痛人心。当把重点放在高度可疑的目标上而不相信任何传入的信息时，战略欺骗似乎效果不佳。当选定的目标情报不足，无法找到操纵目标所信任的可靠情报，或者无法利用情报对发起者有利时，欺骗也会出现问题。

这些案例表明，在许多情况下，不可预见的事件甚至会阻碍专家的行动：“在间谍卫星和高科技监视设备充斥的世界里，任何认为无法实现突袭的想法肯定都已经被打消了。”[1] 因为意外往往来自对现状的持续预期，如果一个目标真的固守现状，完全没有准备好面对任何令人吃惊的变化，那么战略意外似乎会起到很好的作用。战略意外可能是目标无能的产物，尤其是当目标过于自信、无知、困惑和麻木不仁时，也可能是有技巧的发起者操纵的产物。当目标对不可预见的发展作出快速而有恢复力的反应时，意外似乎不能给发起者提供优势。

明显的同盟关系紧张

在大多数案例研究中，一个显著的安全模式是进攻性操纵发起者与其国际政治盟友之间出现了紧张关系。考虑到在一个以信息过载为特征的文化多元化、无秩序的世界中，这种使用战略模糊、欺骗与意外所造成的国际关系影响是相当出乎意料的。

在这些案件中，战略操纵所造成的国际联盟紧张关系是非常相似的。2017 年，美国前总统特朗普在外交安全政策中使用了包含模糊和矛盾陈述的战略模糊手段，这让美国盟友怀疑美国未来是否会信守既定承诺。2016 年，英国“脱欧”投票决定脱离欧盟，这让欧盟对英国未来的发展充满了疑问，这一举措显著削弱了区域组织，并将英国从紧密的欧洲关系推到更广泛的全球英语圈。2011 年，由于省略关键细节的欺骗行为，福岛核灾难增加了全球对政府信息的不信任，同时加剧了日本公民对他们自己政权的不信任。2002 年至 2003 年伊拉克战争前，未发现伊拉克大规模杀伤性武器损害了美国与其盟国之间的关系，因为他们认为这为战争提供了一个错误的理由，他们再也不能完全相信美国情报机构调查结果的准确性。2001 年，美国与其中东盟国之间的紧张关系加剧，“基地”组织恐怖分子就是从这些盟国发端的。1990 年，伊拉克袭击科威特使伊拉克与邻国（也门除外）疏远。不出所料，紧张的联盟体系不能确保在需要的时候有外部帮助来操纵目标——除了“9·11”袭击和伊拉克对科威特的袭击外，即使在有特别要求的情况下，盟国也没有提供显著的外部援助。

从全球安全的角度来看，由于战略操纵而导致的联盟紧张关系的规范性评估是复杂的。不断变化的联盟是国际关系正常起伏的一部分：有时抛弃旧盟友，寻找新的盟友，这在追求国家利益方面会有相当大的成效；有时尖锐地突出联盟内部的分歧，可以有效地促进明智的妥协决定，使联盟更加强大。值得注意的是，战略操纵不能有效地与全球关系网分割开来，国际间的怨恨和摩擦甚至可能是由于几乎每个人都会经常做的事情所造成的。

全球数据冲击条件分析

尽管案例研究表明，信息过载会促进战略操纵，战略模糊、欺骗与意外会降低全球安全，但这些关系并不通用，需要对同战略模糊、欺骗与意外相关的成功和失败因素进行仔细的情景分析。这一基本问题强调了“当行动者掌握相同数量和质量的相关信息时，为什么某些操纵能成功而其他操纵不成功”。[2] 基于案例研究模式，这一分析揭示了何时信息过载最能促进战略操纵、何时发起者的进攻性操纵和目标的防御反应最有效、何时战略操纵最合法以及何时战略操纵最危险。所确定的情况表明，试图连贯地管理操纵行为的政策需要的不是一概而论，而是要足够灵活，以便在不同的情况下采取不同的行动。

由于案例研究的数量有限，研究所指出的条件不可避免地具有高度的不确定性。与被视为确定的调查结果不同，被确认的情况更像是来自案例证据的可能假设，需要通过未来的研究进一步检验和完善。这里所展示的内容为进攻性操纵的发起者和防御反应的目标提供了重要的线索，说明了他们的操纵和反操纵策略何时可能发挥最佳效果。鉴于所确定的某些情况并不是固定的，而是很容易改变的，操纵管理面临着一个重要的选择，即是试图解决有利的背景情况，还是试图解决战略操纵本身。

当信息过载时，什么最能促进战略操纵

尽管信息过载通常会促进战略模糊、欺骗与意外，但这些案例表明什么时候信息过载特别可能促进战略操纵：

- 当几乎没有可靠的事实核查来源可供评估和验证那些有意或无意伪造或歪曲的新闻报道时；
- 当即使在可靠的消息来源之间也存在着重大分歧时，这通常是由于正在发生事情有相互矛盾的信息发布；
- 当双方使用多个竞争标准来衡量操作的相关安全结果时；
- 当由于声明固有的模糊性、不精确性或核查的障碍而极难证明其是否真实时；
- 当在快速发展的危机中，信息的洪流充满了噪声，以一种无视智能过滤的方式加速度和不断变化时；
- 当媒体（包括传统的印刷媒体和广播媒体，以及基于互联网的社交媒体）对可以报道的内容没有强制性规定时；
- 当情绪化的言辞和古怪的说法主导了公众和个人对当前安全困境的讨论时；
- 当操纵目标变得如此愤世嫉俗，以至于它不再相信有关当前安全困境的客观真相确实存在时；
- 当操纵发起者和操纵目标都是关于当前安全困境的重大安全误解的受害者时；
- 当随着时间的推移，当局不断改变他们的评估和建议，用看似随意的方式应对目前的安全困境时。

其中一些已被确认的情况正变得越来越普遍，这让情报分析人士和试图对当前事态发展作出正面或反面判断的大众感到非常懊恼。此外，由于过多的信息经常产生负面反应，即使当局正认真地试图通过定期更新公共预算、警告和指导方针来做正确的事情，这种努力也可能适得其反，并降低当局的可信度。这些有助于操纵的信息条件加在一起会造成相当大的混乱，妨碍对当前困境的准确解释，并在潜在目标中造成易受操纵的弱点。

具体的案例强调确定的条件。在 2017 年特朗普外交安全政策案例中，很明显几乎没有可靠的事实核查来源来处理虚假扭曲的新闻，因为声称进行事实核查的消息来源经常在真假问题上存在分歧。媒体在 2011 年福岛核灾难中传递了相互矛盾的信息。关于不同主体使用多种竞争性结果标准，在 1990 年伊拉克攻击科威特之后，萨达姆·侯赛因认为这一结果是伊拉克的胜利，因为他仍然掌权，而美国则认为这一结果是伊拉克的失败，因为它被赶出了科威特。关于因模糊障碍或核查障碍而难以证明的说法，2017 年特朗普外交安全政策案例说明了模糊障碍，而 2002~2003 年伊拉克未发现大规模杀伤性武器的案例说明了核查障碍。2007 年以色列摧毁叙利亚核电站、2001 年“9·11”恐怖袭击和 1990 年伊拉克对科威特的袭击，都清楚地展现了干扰信息的存在。在 2016 年英国“脱欧”的案例中，非广播媒体缺乏强制的报道规则。2016 年英国“脱欧”案中出现了情绪化的言辞。随着时间的推移，政府评估的变化令人困惑，这在 2011 年的福岛核灾难中显而易见。

何时战略操纵最有效

这些案例还表明，在何种情况下政策有效性最有可能产生于对战略操纵的进攻性运用和对战略操纵的防御性反应中。在以下情况下，发起者进攻性地使用战略模糊、欺骗与意外最有可能有效：

- 当发起者试图把问题归咎于外国人，并分散公民和国际社会对其失败的注意时；
- 当发起者试图向公民和国际社会描述其势力范围内的作为防御的攻击行动时；
- 当发起者试图确认目标中关于根深蒂固的安全恐惧和身份渴望的强烈

先入为主的形象时；

· 特别是在激烈的冲突中，当发起者试图阻止和迷惑对手或阻止对手采取任何挑衅步骤时；

· 当发起者试图影响目标的领导者以自满、一厢情愿和可预测的静态反应为特点时；

· 当发起者试图影响目标的领导者对他们自己的坚定信念持矛盾态度，或对一个问题的对立论点感到困惑时；

· 当发起者试图影响目标的领导者认为他们自己在一个问题上承受着巨大的时间压力时；

· 当发起者试图影响的目标对操纵的动力以及如何应对了解得相对较少时。

相比之下，在下列情况下，目标对战略模糊、欺骗与意外的防御反应最有可能有效：

· 当目标试图通过寻求和接受有能力、谨慎和经验丰富的外部各方力量的建议和帮助来作出反应时；

· 当目标试图回应一个鲁莽并表现出一贯的过度自信、漫不经心和不妥协的领导者时；

· 当目标试图回应一个被国际社会广泛蔑视的地位低下的发起者时；

· 当目标在政府和公民的统一支持下，同时拥有一致的目标和战略并试图作出反应时；

· 当目标试图作出反应，且此时社会中的大多数人在面对意料之外的变化都保持着警惕、有所准备、有适应能力和可迅速恢复时；

· 当目标试图作出反应，且此时拥有对大国至关重要的有形财产或资源时；

· 当目标试图作出反应，且此时拥有比发起者更强大的军事、经济和政治力量时；

· 当目标试图作出反应，且此时它通过情报可靠地剔除了一个可利用的发起者弱点时。

发起者进攻性操纵的有利环境可以发挥其他发起者的优势或目标的弱点。所有有利于政策有效性的环境，都不可能同时出现在发起者或目标身上。这些案例回顾显示，比操纵目标更多的操纵发起者遇到了有效操纵的条件。

我们首先看一些强调发起者进攻性地使用操纵的案例。2011 年福岛核灾难就是分散他人的注意力的例证。2017 年特朗普外交安全政策案例（对国家衰落的恐惧）和 2016 年英国“脱欧”案（对非法移民的恐惧）中发现了利用操纵来确认目标根深蒂固的安全恐惧和身份渴望（尤其是本土主义情绪）。2007 年以色列先发制人地摧毁了叙利亚核电站，明显地体现了通过阻止对手采取挑衅性步骤来威慑对手。2001 年 9 月 11 日“基地”组织对美国发动的恐怖袭击，展示了将目标选定为自满的固守现状的领导者。2016 年英国“脱欧”案展现了在目标领导者有矛盾态度的信念（而不是无情的激烈对抗）时进行操纵。2002~2003 年伊拉克未发现大规模杀伤性武器展示了与感到时间压力极大的领导者的目标打交道，因为联合国核查人员在伊拉克未发现大规模杀伤性武器。在 1990 年伊拉克对科威特发动的袭击中，其特点是选择一个对操纵和如何应对几乎一无所知的目标。

接下来，我们将关注一些强调目标应对操纵的防御反应具有有效性的案例。美国对“9·11”恐怖袭击事件的反应说明了美国在统一支持下拥有连贯的目标和战略，以及比发起者更强大的整体实力。而拥有具有战略价值资源的例子是科威特在 1990 年伊拉克对该国的袭击中拥有石油。

正如预期的那样，当精明的发起者对付不够有见识的目标时，使用战略模糊、欺骗与意外似乎是最有效的，因为那些发起者在信息过滤、文化倾向和价值解读上有成功操作的经验和准确无误的情报，而这些目标没想到会发生这些，并且没有有效的警告或情报系统来帮助他们知道一旦他们成为外国操纵的受害者，应该如何作出最好的反应。无论目标的政治、经济或军事力量的总体水平如何，如果缺乏一个高度警惕的以及熟悉如何发现和应对战略模糊、欺骗与意外的防御系统，就会为全球安全创造潜在目标，成为外国操纵的俎上鱼肉。使用操纵和抵御操纵的力量与传统的政治、军事或经济力量截然不同，因为这些操纵手段往往可以有效地用于不对称对抗，以弥补传统力量要素的不足。

何时战略操纵最合法

尽管通常局外人认为外国操纵是非法的（研究的大多数案例证实了这种模式），但在某些情况下战略模糊、欺骗与意外（在国内公民和国际社会看来）很可能被视为合法：

- 当在发起者的势力范围内使用模糊、欺骗或意外时；
- 当目标对操纵发起方的盲目信任通常极高时；
- 当使用模糊、欺骗或意外是连贯的，且随着时间的推移变得合情合理时；
- 当旁观者非常愤世嫉俗，因此对可能被认为是公正的事情有一个较低的标准时；
- 当使用模糊、欺骗或意外并不公然违反国内法或国际法时；
- 当使用模糊、欺骗或意外并没有直接造成任何生命或财产损失时；
- 当国内外媒体报道操纵行为未能发挥有效的监督作用时；
- 当心烦意乱的局外人对产生事与愿违不良后果的操纵发起者采取任何外部制裁时；
- 在使用模糊、欺骗或意外后，目标没有展现出普遍的无助感时；
- 当目标及盟友没有选择大声抗议模糊、欺骗或意外的使用时。

有时，缺乏国际意识使得全球未能对外国干涉的不合法性作出强烈反应，如2007年以色列对叙利亚的袭击导致受害者沉默。在全球无政府环境下，合法性对于操纵的成功可能并非绝对重要，但是，在确定外国操纵者是否有权在未来再次采取类似行动而不受惩罚时，行为是否被接受仍然可以发挥重要作用（特别是如果这种行为能够解除繁重的制裁时）。

何时战略操纵最危险

虽然使用模糊、欺骗与意外总是有风险的，但这些案例表明，在这种情况下，战略操纵似乎对全球安全特别危险（就损害的范围和强度、后果应对的准备不足以及可能的反作用而言）。外国战略操纵看起来最危险的情况如下：

- 当发起者操纵的目标意识与发起者腐败的目标感知相结合时；
- 当质量很差的情报使人们对行动的风险没有很好地理解，从而导致危险的行为时；
- 当一个持续的安全困境正在恶化，并且发起者的操纵被解释为否认这一现实并拒绝采取补救行动时；
- 当操纵发起者在跟公民和盟国进行公开透明的交流方面有着悠久的传统，且公民和盟国坚定地期待并希望这种模式继续下去时；
- 当发起者的操纵严重地损害了一个国际组织，而发起者是该组织成员并深深地珍视其成员资格时；
- 在重大危机期间，操纵发起者隐瞒或歪曲重要信息，造成有形的生命和财产损失时；
- 当一个依赖外部的操纵发起者与国际社会足够地疏远，而发现自己在政治上处于孤立状态时；
- 由于不安全的泄密，在实施操纵之前，意图操纵的真正动机和性质公之于众时；
- 当信息操纵导致一项本不可能作出的决定，这个决定会严重损害受影响的社会时；

- 当信息操纵造成的混乱如此之深，以至于在需要采取紧急行动之际而政策瘫痪时；
- 当信息操纵造成的混淆妨碍识别和惩罚重大安全降级行为的肇事者时；
- 当信息操纵对另一个群体或国家产生如此深刻的不容忍，从而导致冲突和暴力时。

值得注意的是，虽然操纵收益往往是短暂的，但操纵造成的后果却是长期的。如果公众对国内外政府行为充满愤怒、怨恨和不安，那么很少有社会能够无限期保持稳定。

具体案例凸显了这些危险。2011 年福岛案（日本政府和东京电力公司被视为腐败）是国际社会对操纵和腐败认识的例证。1990 年伊拉克袭击科威特时，萨达姆·侯赛因关于美国反应的情报质量非常差，使得他对 1991 年海湾战争感到震惊，这说明低质量的情报导致了危险的行为。从公民和外国人对日本政府的看法来看，在 2011 年福岛核灾难中，不断恶化的环境导致操纵被视为对事实的否认。在 2017 年特朗普外交安全政策案和 2016 年英国“脱欧”案中，都出现了交流形象受到质疑的情况。在 2011 年福岛核灾难事件中，有隐瞒或歪曲导致生命和财产受损失的重要信息。唐纳德·特朗普政府内部曾发生过不安全的泄密事件，在操纵行为生效前将其撤销，限制了他的模糊和意外政策的有效性。关于操纵导致原本不会采取的政策，包括不容忍现状和制造暴力冲突，对美国来说，“9·11”袭击背后的“基地”组织操纵导致了 2001 年的阿富汗战争，以及认为伊拉克有大规模杀伤性武器导致了 2003 年的伊拉克战争。

值得注意的案例教训

对于那些寻求更好的进攻性操纵结果的战略发起者来说，成功之路可能不会像最初出现的那样一帆风顺、黑白分明。即使在战略上使用模糊、欺骗与意外的效果很好的情况下，这种操纵本身也不足以达到所有期望的安全目标。正如这些案例所证明的那样，短期的军事成功可能无法实现长期的政治目标。随着时间的推移，持续成功的问题变得更加突出，因为关于一个人对目标真实意图的泄露的可能性无处不在。因此，尽管在当今信息过载的无政府全球环境中，操纵通常成本低廉且运作良好，但操纵发起者需要仔细考虑在当前安全环境中何时、何地以及如何应用战略模糊、欺骗与意外。

此外，战略发起者可能会发现自己在应用战略模糊、欺骗与意外时处于一致性的约束中。一方面，如果这些发起者试图通过长期保持言论和行动的极其一致来获得内部和外部的信誉，他们可能会被关键支持者认为失去联系、反应迟钝、拒绝适应不断变化的环境。另一方面，如果这些发起者像日本政府在福岛危机期间所做的那样，试图通过不断更新和改变自己的言行来应对不断变化的环境，从而获得内部和外部的信誉，那么他们就可能被关键支持者视为前后矛盾、不理性、任性的、随意的和无能的。无论采用哪种方式，风险是不仅会失去信誉，还会失去尊重、信任和未来操纵潜力。尽管国内公众、国际盟友和外部观察者可能普遍认为，一致性（像透明度一样）一直是外交安全政策的一个优点，但在瞬息万变的世界里，它有着关键的缺陷，并且在一个文化多样性、政治混乱和信息过载的世界里，它与战略模糊、欺骗与意外一样容易被误解。

对于寻求更好的防御性反应的操纵目标，特别是潜在的主要强国目标，传统的安全增强措施在面对复杂的外国操纵时通常会失效。例如，防止或惩罚外部干涉的具体强制方式，包括军事和经济制裁，都不能很好地预防由外国发起的无形的微妙的战略模糊、欺骗与意外（如在寻找大规模杀伤性武器和袭击科威特案件中针对伊拉克政府的措施）。由于迅速发展的战略模糊、欺骗与意外的技术以及在当今信息过载的世界中使用操纵的吸引力，对针对外国操纵的威慑或防御性反应系统保持相对自满是不明智的，尤其是美国政府在“9·11”恐怖袭击中的明显表现。因此，最容易受到外部操纵的国家需要有强有力的应急计划，尤其是在几乎所有的操纵目标缺失的案件中，以便从意外的震荡、混乱和不确定性中恢复过来。虽然“及时、明确的警告是很好的”，[3]但不能指望这些警告，操纵目标不能将这种多方面的应急计划建立在有足够的准备时间来实施的基础上。

反操纵难题

这项研究发现，在信息过载的情况下，战略操纵如何发挥作用可能会导致有关应对全球数据冲击潜力的令人沮丧的结论。在进攻方面，信息过载可以提高战略操纵的成功率和在不同情况下的变通能力。尽管国际社会认为战略模糊、欺骗与意外手段的合法性较低，它们还加剧了国际联盟的摩擦不断升级，并且它们在实现政治目标方面缺乏长期的持久力，但如今在国际关系中，这些手段的使用似乎层出不穷，并且没有遇到重大的内部或外部障碍。

在防御方面，信息爆炸会迫使目标国家官员认为他们缺乏一个健全的基础来作出复杂的外交安全政策选择，以最大限度地减少操纵，因为他们认为没有确认有效和可靠的情报数据。即使是那些全职从事数据解释工作的人，似乎也比以往任何时候都更难将关键信号从所有干扰信息中分离出来，因为矛盾似乎太明显，太大的知识差距反复出现，数据可信度太低或不确定。

然而，正如下一章所阐释的那样，伴随着不连贯的安全政策和全球混乱威胁着我们，在预防或应对操纵方面有希望取得进展。与其一厢情愿地对现状和现有反操纵防御措施的充分性感到自满，不如采用更加多样化的准备工作、警惕心态和应急计划来改进外国操纵预警系统。与传统的有缺陷的安全措施会被复杂的外国袭击行动削弱不同，更具创新性、知识性和敏感性的目标反应可以成功地遏制外国操纵的破坏性影响。

第五章　全球数据冲击管控

案例研究模式提出了帮助管理信息过载的方法，并帮助发起者及其目标来实施战略模糊、欺骗与意外的管理。无论是进攻发起者还是防御目标，在这些领域取得成功并不简单，尽管前面指出，迄今为止进攻比防御更具优势。在一个充满全球文化多样性和国际政治无政府状态的世界里，尽管面对着价值观、信仰和表达方式迥然不同的社会，但我们迫切需要找到方法来培养对他人极其深刻的敏感度。在一个环境瞬息万变的世界里，尽管人类认知缺陷和组织决策的不灵活性造成了种种限制，但我们迫切需要找到实现适应性和灵活性的方法。在一个充斥着数量多但质量低的数据的世界里，尽管存在自满、混乱和恼怒的危险，但我们迫切需要找到适当的信息筛选方法，以发现真正重要和相关的信息。由于风险高、容错性低，所以很少有机会进行试错实验，以确定哪些方法可能有效，从而实现预期的外国战略操纵结果。

创造性思维对于应对外国数据解释和战略操纵至关重要，包括结合流畅、创新性和反应性措施，避免墨守成规的重复使用；发现或创建新的信息和通信渠道；进行更系统性的高级应急计划。最好是在对手已有的信念中运作，同时提高跨文化的敏感性，谨慎地将自己的假设投射到他人身上。严格的分析方法必须根除虚假或误导性的数据，减少过于简单的数据解释，提高对自身偏见的认识，填补知识空白，并将数据评估置于更有意义的背景中。关键是要促进警惕性和弹性：一是在对方加速秘密行动的同时努力改进探测系统，二是当干扰信息扩散时努力改进信号隔离。已确定的威胁和弱点需要对未来进行预测，以防止适得其反的发展。过去的努力评估需要收集关于结果的更全面的内部和外部反馈，最大限度地减少过度自信，同时最大限度地接受批评和乐于适应，并改善学习以改进未来的行为。归根结底，最关键的是要避免宿命论的诱惑，即接受信息过载的不清晰性和战略操纵的不可管理性。

在管理信息过载和战略操纵方面，混乱、失败和适得其反的影响在全球范围内频繁发生，因此还有很大的改进空间。在确定管理战略的优先事项和引入针对全球数据冲击的补救管理建议之前，本章首先回顾一下操纵发起者和目标迄今为止在管理信息过载与战略模糊、欺骗与意外方面所尝试的常用方法中的缺陷。有缺陷的标准操作程序之所以一直存在，部分原因是对其有效性的审查不够，以及支持者对其进行协调一致的宣传。尽管情报分析人员越来越认真努力，并且新的计算机化分析方法有可能极大地改善数据解释和由此产生的政策决定，但回报尚未完全显现。因此，识别和根除政治领导人、组织结构和规划过程中不正常的态度和行为是非常重要的。

全球数据冲击管理不当

管理信息过载和战略操纵的记录反映了关键缺陷，如图 5.1 所示。信息过载管理的缺陷包括假设可以通过引入额外的数据、应用适当的过滤技术、离线以及简单地查看大多数信息源内容来克服信息过载的解释挑战。发起者进攻性操纵的管理缺陷包括仅将操纵作为最后手段使用、只关注短期而非长期的安全后果、放弃最初效果不佳的方法、只采用单一的操纵技术以及随机尝试各种方法来暴露目标弱点。防御性操纵反应的缺陷包括从过去的袭击中吸取错误的教训、转移失败的责任、相信只靠说服就能阻止对手的操纵、完全致力于单一的防御性反应以及过于依赖经验丰富的内部专家来解释传入的信号并推荐应对措施。

信息过载管理不当

1. 假设可以通过引入额外的“事实”或实证研究发现来克服解释上的挑战。
2. 仅仅依靠数据过滤来进行数据解释，缺乏独立的客观手段来确定数据的可信度。
3. 求助于离线这种明显自讨苦吃的方法来管理信息流。
4. 接受被最多信息来源所认同的信息为真理，特别是如果它支持了一个人对真理的先入为主的看法时。

发起者操纵管理不当

1. 在没有退路、能量耗尽或别无选择的情况下，不恰当地将操纵作为最后手段。
2. 专注于短期收益，忽视长期安全后果。
3. 对失败的反应是认输，而不是调整技术来提高成功率。
4. 只采用单一的操纵技术，而不是使目标分析和反应能力过载的选项最大化。
5. 使用漫无目的的策略，不加区别地尝试一切，看看哪些可行，而不是谨慎地选择最佳选项。

目标反应管理不当

1. 回顾上一个外国操纵实例，这种方式无法防范未来的操纵。
2. 将精力用在否认操纵的重要性、失败的责任和预测、准备或回应的能力上。
3. 相信说服足以阻止对手参与操纵。
4. 完全致力于单一的防御反应，盲目地认为这种反应在所有情况下都有效。
5. 完全依赖于最容易反应过度、认知一致的内部专家来解释信号和建议回应。

图 5.1 全球数据冲击管理不当

信息过载管理不当

在应对信息过载方面，最基本的缺陷也许是假设解释性挑战可以通过引入额外的“事实”或实证结果、解决正在进行的激烈的外国安全辩论或说服争论双方改变其坚定的立场。例如，通常在情报失败后，[1]“情报机构对许多问题的反应是收集更多的信息，尽管在许多情况下，分析人员已经掌握了超出他们消化能力的信息”。[2] 在全球信息过载和无处不在的外国宣传操纵的情况下，这似乎是一种明显错误的前提。一条标准的情报格言是“事实不能说明问题”[3]——不仅在数据解释方面，而且在决定数据的重要性及其与更广泛的安全趋势的关系方面存在关键的差异，这可能会妨碍达成共识。此外，竞争各方之间对价值观的不同解释可能导致他们处理信息的方式截然不同，并对相同的数据和来源赋予非常不同的可信度。如果超过某个平衡点，过分专注于获取额外信息，最好的情况是遭遇收益递减，最坏的情况是完全无用或适得其反。事实上，知识“并不能保证启迪智慧”。[4]

还有一个不充分的信息过载常见解决方案是基于这样一种观点：应用适当的筛选技术足以帮助人们看到真相：

> 如何应对信息过载？有一个技术性的答案：依靠制造迷雾的人来发明过滤器将迷雾净化。施乐公司承诺通过开发更好的筛选和管理设备来恢复“信息健全”。谷歌公司正试图通过考虑更多的个人信息来改进在线搜索功能。[5]

事实上，大多数应对信息过载的策略“本质上都能归结为筛选和搜索”。“当信息廉价时，注意力就会变得昂贵。”[6]尽管筛选程序在理论上很有用，但在实践中的效用却严重不足。聪明的数据操纵者通过掩盖数据源的性质、创建非正统的传输通道以及利用各种快速变化的真实和虚假数据，不断发现规避或克服筛选的新方法。即使是最好的人工智能筛选算法，也无法跟得上如此娴熟的调整。此外，无论筛选程序如何缩小有用信息的范围（或似乎能将小麦从谷壳中分离出来），它都无法成为可疑数据分配可信度的独立客观手段（恰恰相反，它们往往依赖于用户偏好），也无法改善对重要数据的解释（恰恰相反，它们倾向于依赖用户的判断）。“再智能的筛选器都不能阻止人们痴迷于检查”他们的计算设备，以获取越来越多的信息、通信和更新。有些人“这样做是因为这让他们觉得自己很重要；另一些人则是因为他们可能沉迷于从接收信息中获得的‘多巴胺喷射’。”[7]这种挑战在外国安全问题上被放大了，在这些问题上，对手微妙地利用战略模糊、欺骗与意外的手段，往往无法通过任何形式筛选出来。

还有一种对信息过载缺陷的反应是离线。基本逻辑很简单：如果你与互联网断开连接，你将不再被大量无法处理的信息轰炸，这将给你更多的时间来分析和反思你已经拥有的数据。终止在线访问可以是机器自动进行的（例如，“一个叫作‘自由’的流行的计算机程序会在预设的时间切断你与网络的连接”），或者由人类意志力触发（例如，当你自愿“定量摄入”或“不时关闭手机和互联网”）。[8] 然而，这种自讨苦吃的方法有意地关闭了所有数字信息的访问，使人们很容易在全球快速变化中错过重要的数据。如果一个组织拒绝切断互联网接入，这种“自律可能会适得其反”，例如，“如果几分钟联系不到下属，有些老板就会生气”。[9] 由于对数字数据越来越依赖，人们甚至连暂时切断与互联网信息管道的连接的意愿也在下降。

对信息过载的最后一个错误反应是接受出现在最多来源中的信息为真理，特别是当“如此多的证据支持你对真理的先入为主的想法”时。[10] 这简单但具有误导性的决定是基于这样一个假设：如果有足够多的秘密和公开的信息来源彼此一致，那么信息必定是准确的。然而，如今，这种基于数量多少的评估很容易为各种渠道所操纵，这些渠道充斥着扭曲的数据，而这些数据似乎（错误地）来自完全独立的信息源。

发起者操作管理不当

人们常听到这样一种说法：战略模糊、欺骗与意外是只有在一方已经走投无路或无法匹敌，或这一方已经尝试了所有其他方法都没有成功的情况下，万不得已才使用的战略。然而，这一结论似乎极不恰当。“战略家不应将欺骗（和其他操纵技巧）视为弱者的最后手段，而应将其视为获取或保持对竞争对手的战略优势工具。”[11] 尽管在使用操纵时需要谨慎，但及早采取行动往往比等受到攻击时再行动要好，因为对手的第一次攻击可能会解除武装，严重限制甚至阻止任何反应，而第二次攻击可能不利于让对手作好报复的准备。例如，2007 年叙利亚建造一座核反应堆，如果以色列等到外交失败后才动用强有力的战略意外，那么效果可能微乎其微。值得注意的是，“20 世纪 30 年代的重大战略教训是，早期的军事行动远比最后使用武力对付这个在政治上不易对付、在军事上不可捉摸的非常罕见的强大对手要好得多”。[12] 在迫于时间压力的外交政策危机中，发起者不能等太久才作出反应，即使这种速度意味着要缩短对所有可用选项及其后果的全面成本效益分析。

还有一个常见的有缺陷的发起者操纵模式是基于这样一个前提：由于主要的利益是短期的，所以长期的安全影响可以被淡化。虽然这些利益往往只是短期的，但操纵发起者回避计划管理长期的安全后果是错误的。2011 年的福岛核灾难和 1990 年伊拉克对科威特的袭击说明，未能为长期的负面反应（福岛事件中的国内反应和伊拉克案件中的国际反应）制订计划是如何抵消了所有的短期收益。

当战略操纵失败时，发起者通常只是直接决定不再使用所采取的技术，至少在针对这种类型的目标时是这样。快速放弃选项背后的简单逻辑是，如果一种方法不起作用，那么应该尝试另一种方法。然而，这忽略了过去不成功的操作技术的改进版本或创新变体。考虑到外国战略操纵的微妙复杂性，发起者需要更有耐心，不要期待第一次尝试就能立即成功，努力改进每一个连续的新版本，从过去的错误中学习哪些具体因素最有效，哪些最糟糕。

有时进攻性操纵的发起者会屈服于“将所有鸡蛋放在一个篮子里”的方法，致力于利用所有可用资源采取单一的模糊、欺骗与意外的战略，以最大限度地提高成功的机会。美国前总统唐纳德·特朗普过分强调不可预测性是外交安全政策成功的唯一关键，这说明有必要考虑更广泛的操纵技巧。过于拘泥于单一的首选战略，使得操纵目标在许多情况下很容易被预测和应对。

还有一种相反的错误操纵方法是分散策略，即不加区别地尝试所有事情，看看哪些是有效的，而不是经过比较分析后谨慎地选择最佳的方式。这里的前提是，既然一个人不能事先果断地决定什么是最有效的，那么不妨随机地尝试每一个可用的选项，希望至少有一个能够有效并成功地实现预期目标。然而，由于资源有限，需要可靠的承诺，以及失败操纵的高昂成本，这种混乱的做法毫无意义。例如，“基地”组织的欺骗手册就认识到了这一局限性，并建议为了成功，“所有的伪造事宜都要进行……而不是随心所欲”。[13] 在秘密、敏感和受保护的区域内操作时，随机行动特别容易失败。

目标反应管理不当

一个常见的有缺陷的目标解决方案是回顾上一次外国操纵的成功经验，以了解如何防止未来发生类似的错误。然而，经常会发生错误的学习方式，至少在一定程度上是因为外国操纵方法通常会随着时间的推移而发生巨大的变化：

> 纵观历史，超级大国和小国、民主国家和独裁政权都曾突然袭击或欺骗过对方，成为欺骗和意外的受害者，而且往往带来毁灭性的结果。然而，作为人类智慧的宝库，要么历史并非好老师，要么我们并非好学生。暴露在恶意欺骗中并不能防止再次受骗，无论是被之前“骗过你”的那个人欺骗，还是被其他人欺骗。[14]

操纵模式是动态的，因为大多数发起者对特定目标使用不同的操纵类型，所以仅仅根据最后遭遇的一种操纵类型进行准备，可能会被证明是错误的。潜在的操纵目标对最后一次被欺骗的高度关注是没有意义的。此外，这种类型的学习作为对操纵的目标反应的一个关键问题是，它很容易导致在应对发现的弱点时过度矫正或产生回旋镖效应（遵循认知的自负模式）。这种学习可能会最终减少某些漏洞或可被利用的领域，同时在无意中造成新的漏洞或可被利用的领域。

特别是在政府官僚机构内部，另一个有问题的目标防御操纵反应是否认刚刚曝光的外国操纵是重要的，否认自己的错误分析是外国操纵成功的原因，否认任何人都可以预测到外国操纵并为之作好准备，或减少其负面影响。这种偏差不仅无助于有效遏制外国操纵的负面安全影响，而且不恰当地加强了现有标准操作程序和现有对策的充分性。显而易见的是，这种偏差可能被证明是灾难性的，因为这加强了对现状的自满接受，并阻止了必要的目标调整。将易受操纵的弱点归咎于其他机构、团体或个人，并含蓄地要求他们（而不是你）找出并作出必要的改变，这反映出功能失调的替罪羊式的行为，并永远无法解决问题。例如，将易受外界操纵归咎于媒体偏见是一种典型现象，这往往导致人们宿命论般地接受外国操纵是不可改变的常数，任何防御性反应都无法被证明是有效的。

一个相关的有缺陷的，但又常见的目标操纵反应是相信仅靠广泛的说服就足以阻止对手未来的进攻努力。比如，在2016年的英国“脱欧”公投中，尽管“许多欧洲领导人提出了一个令人信服的论点，即只有通过团结，欧洲大陆才能摆脱血腥的过去，并保证繁荣”。[15]但这不足以劝阻“脱欧”运动的发起者放弃他们的分离主义议程。这种只强调口头说服外国进攻发起者停止进攻的做法，人为地排除了可能有用的胁迫选项，从而降低了可信度。

同样地，由于资源限制或固执地相信自己的优势，一个普遍存在的缺陷性操纵反应是完全致力于某种特定的防御反应或一系列防御反应，以至于目标盲目地相信它在所有情况下都能起作用：

> 不要沉迷于任何计划、政策、程序或评估。不要期待对手会配合。要有一个分支和续集以解决意外情况，比如“如果……会怎样”的“接下来会发生什么”。要注意对手和盟友的言行，尤其是在言行不一致的情况下。不要仅仅因为指标指向了你永远不会做的事情而轻视它们。理性或鲁莽没有通用的标准。[16]

在通常情况下，目标对某一特定的防御反应将有效挫败操纵的信念是如此强烈，以至于其后果将被重新解释，从而使该反应在回顾时看起来似乎是成功的。

最后，对于一些操纵目标来说，防御性的解决方案是完全依靠内部经验丰富的专家来解释传入的信号，并推荐相应的应对措施。这样做的基本原理是，他们处于最有利的位置，拥有必要的历史知识，最清楚如何对传入的操纵作出反应。不幸的是，尽管这样的内部专家的解释很重要，它可以最大限度地改变认知一致性和确认偏差，将过去的图像带入当下的情况。在他们研究了几十年的困境中，这样的内部专家往往是最后发现令人惊讶的不连续变化的人，这在无政府的全球安全环境中非常常见，因为“经验表明，这个领域的专家未必最有可能认识和接受变化或新类型的数据”。[17] 内部专家有时也会表现出过度自信，因为在了解对手参与操纵的意图并建议采取某些应对措施时，试一试似乎更为谨慎。

整体管理不当对安全的影响

信息过载、进攻性操纵举措和防御性操纵反应的频繁管理不当，增加了全球不安全感，并产生了有害的适得其反的影响。过于肯定自己正在做正确的事情，往往是由于管理后的评估失败，可能导致错误的自满，认为信息和通信领域的一切都完全在控制之中。最后，为应对全球数据冲击而大错特错的做法往往比什么都不做更糟糕。

管理战略的比较优先级

结合实证案例分析和先前的概念讨论，以下是关于对比全球数据冲击管理策略优先级的见解：

- 为了更好地把有关键解释差异的地方隔离开来，奖励产生仔细合格评估的情报分析，似乎比奖励基于流动的互相冲突的证据作出广泛的预测性判断更重要。
- 为了提高外国操纵评估的质量，奖励那些专注于解释对手意图的高风险途径的情报分析，似乎比奖励简单报告对手能力和行动的更安全的途径更重要。
- 为了更好地应对信息过载的挑战，集中精力寻找开发更好的数据解释分析工具的方法，似乎比寻找收集额外数据的方法更重要。
- 随着时间的推移，为了提高学习水平，集中精力详细调查围绕严重失败的长期环境模式，似乎比围绕那些辉煌成功的长期环境模式更重要。

- 为了更好地克服信息解释障碍，基于机器的大数据分析和人工智能算法似乎更擅长克服人类的认知缺陷，而不是安全信息的不可靠性。
- 为了在嘈杂的信息环境中改进信号检测，找出修辞与现实之间的差异，尤其是政治声明与军事行动之间的差异，似乎比制定固定的抽象概念规则来确定数据效用更为重要。
- 为了提高对虚假信息和假新闻的识别能力，集中精力对数据来源的有效性、可靠性和客观性进行彻底调查，似乎比关注信息是否证实或与先前的评估相矛盾更重要。
- 为了改进对操纵结果的评估，关注对手的态度和行为是否发生转变，似乎比关注自己是否受到朋友的批评或赞扬更为重要。
- 为了改进操纵发起者对长期风险的考虑，关注当地和区域不稳定的可能性，似乎比关注国际社会的负面反应更为重要。
- 为了提高操纵发起者的攻击性，集中精力增进对指定目标弱点的了解，似乎比增加对复杂操纵工具的获取更重要。
- 为了提高操纵目标对针对他们的战略模糊、欺骗与意外的意识，预料到持续努力的操纵模式，似乎比将其归类为罕见的孤立事件更重要。
- 为了改进操纵目标的防御反应，提高他们的警惕性和备灾能力，以及操纵后的恢复能力和弹性能力，似乎比减少战略操纵的频率更重要。

在有限的资源和时间内，在信息过载的情况下，在管理战略模糊、欺骗与意外时，每一项都反映了进攻发起者或防御目标强调和弱化什么是最关键的重要选择。

为了更好地隔离存在关键解释差异的地方，似乎更重要的是奖励情报分析人员作出仔细合格的评估，而不是根据流动的相互冲突的证据作出广泛的预测性判断。在这方面，对于这些分析人员来说尤其重要的是，要针对整体报告的不同方面指出不同程度的确定性，解释这种差异的基础，而不仅仅是笼统的信心评级。更多的基础训练可以帮助情报分析人员认识到他们处理信息的局限性，包括阻碍正确数据解释的人类认知缺陷和组织决策的不灵活性，从而加强他们对支持可疑的结论更加踌躇的意愿。2002 年至 2003 年，联合国没有在伊拉克发现大规模杀伤性武器的案例说明了这一优先事项的重要性。

为了提高外国操纵评估的质量，似乎更重要的是奖励侧重于解释对手意图这一高风险目标的情报分析，而不是简单地报告对手的能力和行动这一更安全的目标。尽管收集能力方面的客观数据比收集意图方面的数据更容易，但意图情报在外国操纵评估中往往更为关键和有影响力。进攻性发起者意识到，在强调无形意图而不是可见的能力时，战略操纵效果更好，这主要是因为在比较意图和能力时，政治和军事意图“更容易隐藏”[18]。情报分析人员往往倾向于采取阻力最小的方法，回避适当地关注对手的意图：

> 通过不言而喻或心照不宣的协议，也许是因为这个问题太“热门”了，它（负责发出警告的组织）并没有真正着手解决关键的意图问题。最终的结果是一个没有争议的、含糊不清的声明，比如，X 和 Y 边界沿线将继续有高水平的军事活动，局势仍然非常紧张。自然，每个人都能同意这一点——不能说这是“错误的”，但这不仅对政策官员没有帮助，也意味着情报人员还没有真正经历过分析现有数据的意义并试图解释其真实含义的严谨的智力过程。[19]

通常，这种不愿关注意图的态度是完全可以理解的，因为“情报部门一般不能或不应该产生对意图作出判断的想法，除非情况发生突然或重大变化而需要作出新的判断，特别是在对是否可能策划袭击行动作出积极判断时”。[20] 虽然可见的能力趋势的描述性报告可能会最大限度地减少因犯下巨大的分析错误而被传唤的机会，但它在关于外国操纵的绝对关键的警告方面却没有多大帮助。

为了更好地应对信息过载的挑战，似乎更重要的是集中精力寻找方法开发更好的数据解释分析工具，而不是寻找收集额外数据的方法。通常，发现对管理操纵有用的新的分析工具，需要跳出常规思维和传统观点的标准操作程序的思维定式进行思考，以应对模糊、欺骗与意外。改进对现有信息的解释通常需要比平常更深入地挖掘历史、政治和文化背景，如果把重点放在收集越来越多的数据上，这项任务就会变得非常艰巨。当一个人已经有了太多的信息时，收集额外的数据就几乎起不到什么作用，而且在任何情况下，个人偏见和组织惯性通常都会倾向于将新的信息整合到已有的图像中。例如，考虑到对总统任期强烈情绪化的正面和负面反应，收集更多关于美国前总统特朗普有意模糊和矛盾的外交安全政策声明的信息，对于能够准确预测未来政策可能没有什么意义。

随着时间的推移，要提高学习能力，似乎更重要的是多关注围绕严重失败的长期环境模式的详细调查，而不是围绕辉煌的成功进行详细调查。强调从成功中学习而不是从失败中学习，会增加不恰当地将过去的假设带入现在的可能性，而这些假设由于条件的变化已不再适用。通常，未能预见、未能学习和未能适应是有效操纵管理的主要障碍。[21] 发起者应仔细检查操纵的后果，以明确操纵究竟在哪里出错以及为什么出错，从而调整其应用，以便在今后的努力中取得更大的成功。由此产生的“对无偏见的信息处理障碍的认识可能不仅会刺激决策者避免偏见，而且可以鼓励他们进行基础培训，以改进信息处理”。[22] 特别是“应该投入比现在更多的精力来准备决策系统”，以预测和管理与此类情报失误有关的“误解的潜在负面后果”。[23] 组织文化需要转变，这样那些承认错误并愿意重新审视原因的人会从同事和上级那里得到表扬而不是羞辱。此外，战略和反应的流动性以及对意外事件的开放性的维持和滋养对于管理模糊、欺骗与意外是至关重要的。正确学习的关键是避免高估自己的力量、无敌性、威慑力或成功潜力。

为了更好地克服信息解释的障碍，基于机器的大数据分析和人工智能算法在解决人类认知缺陷方面似乎比在解决安全信息的不可靠性方面更为娴熟和有效。如前所述，任何形式的计算机化数据分析的主要局限性之一是无法纠正充斥着错误、扭曲和不精确的信息（其中有些信息可能是对手故意注入的）。另外，这种冷静的数字数据处理当然可以减少或消除人为偏见、先入为主的观念和选择性注意的负面影响。因此，尽管机器数据处理（特别是大数据分析）在面对大量信息时具有普遍的吸引力，但应该坚决拒绝将所有信息解释委托给自动化机器，即使它们拥有最复杂的人工智能算法。

为了在嘈杂的信息环境中更好地检测实际信号，找出修辞与现实之间的差异，尤其是政治声明和军事行动之间的差异，似乎比制定固定的预先确定的抽象概念规则来确定数据的可信度和相关性更为重要。具体来说，“当对手的政治行为与他的军事准备不一致时，当他说话轻声细语却拿着一根越来越粗的大棒时，要当心”。[24] 识别这种差异并不容易，因为判断的关键因素是在试图区分一个无关紧要的预期不一致与一个至关重要的意外不一致时发挥作用的。关于特别注意对手行为中的差距和不一致的警告，似乎与外交政策制定者的错误特别相关，尽管萨达姆之前进行了大规模的军事集结和动员行动，但政策制定者未能意识到萨达姆在 1990 年 8 月袭击科威特的意图。

为了提高对虚假信息和假新闻的识别，似乎更重要的是集中精力对数据来源的有效性、可靠性和客观性进行彻底调查，而不是调查这些信息是否证实或与先前的评估相矛盾。为了辨别情报分析报告的可信度、有效性和可靠性，并最大限度地减少负面操纵干扰的可能性，似乎至关重要的是“收集者应尽可能多地提供有关报告来源和接收渠道的信息，因为收到报告的分析人员在作出评估时几乎完全依赖于这些评估和解释”。[25] 在处理众所周知的不可靠的外国安全信息时，在数字数据爆炸的背景下，对数据来源的彻底审查显得尤为重要。

为了改进对操纵结果的评估，关注对手的态度和行为是否会改变似乎比关注是否受到朋友的批评或赞扬更为重要。如第四章所述，在案例研究中，战略模糊、欺骗与意外的许多应用导致了盟国的大量质疑或削弱了与盟国的关系。然而，成功操纵的适当标准应该是目标发生变化的程度，因为如果联盟基础深厚而有意义，那么盟友们最终应该能够克服他们在这方面可能产生的任何不良反应，并接受由此带来的安全困境的变化。例如，2016 年英国“脱欧”投票后，英国在欧洲大陆的盟友不太可能因此切断与英国的关系。

与此相关的是，为了提高操纵者对长期风险的考虑，关注地方和区域不稳定的危险似乎比关注国际社会负面反应的危险更为重要。在许多案例研究中，操纵行为发起者都因为没有前瞻性地考虑自己行为的长期后果而产生了过失，这些过失往往会引发当地或区域的不满、紧张和不稳定状况。然而，即使是广大国际社会对这种操纵行为表示强烈愤慨，也很少产生任何有意义的影响。尽管一个理想的操纵应用不会产生反作用，但实际上，人们需要谨慎地挑选最有可能发生反作用的地方，并且在通常情况下，如果它远离战略模糊、欺骗或意外应用的地点，效果会更好。

为了提高操纵发起者的进攻推力，似乎更重要的是关注于增加对指定目标弱点的了解，而不是增加对复杂操纵工具的获取。2001 年，美国遭受的“9·11”恐怖袭击生动地突出了与仔细研究和利用目标弱点经常有关的欺骗和意外的成功。[26]“通过利用受害者的脆弱性和缺乏准备”，“基地”组织创造了“造成高伤亡和物质损失的更大可能性”，以及“使目标国家的普通民众和政治领导层士气极为低落”的可能性。[27]一旦发起者意识到这些可利用的目标弱点，他们就可以最大限度地扩大战略模糊、欺骗与意外的可选择范围，使目标的分析、理解和有效应对任何一次攻击的能力过载。相比之下，没有一个案例的基本操作方法或工具特别新颖或令人吃惊。

为了提高操纵目标针对他们的战略模糊、欺骗与意外的意识，似乎更重要的是预料和分析持续操纵努力的广泛互联模式，而不是将其归类为罕见的孤立事件。一个潜在的操纵目标往往会轻率地假设其他国家，甚至是对手，会为他选择明确的可预测和透明的政策：

> 在这种情况下，我们必须不断警惕欺骗（以及其他形式的外国操纵）的可能性，并假设其有可能，而不是不可能。我们不应该像往常那样对对手的“背信弃义”感到愤慨，而应该为自己没有事先察觉到这种可能

性而感到气愤。坦率地说，我们需要少一些信任，多一些怀疑和务实。[28]

在综合操纵评估中，目标情报分析人员需要更好的平衡能力，避免在操纵反应和触发警报的阈值方面过于敏感或不够敏感，在警告方面过于一致或不一致，或在信号解释上过于确定或徘徊。

为了改进操纵目标的防御性反应，似乎更重要的是提高他们的警惕性和备灾能力，提高操纵后的恢复能力以及弹性能力，而不是降低战略操纵的频率。由于战略操纵无所不在，它可以从如此多的角度以如此多的形式攻击一个目标，以至于在当今高度相互渗透的世界中，试图从一开始就完全阻止它的发生似乎是不现实的。与直接军事攻击不同，传统的威慑手段无法有效防止外国的模糊、欺骗与意外。因此，试图优化被操纵伤害后的情况似乎是一种更具建设性的防御策略，因为最小的操纵结果可以间接阻止未来的外国操纵。

信息过载下的进攻性操纵改进

鉴于这些管理优先级事项，在信息过载的情况下，战略操纵似乎还有很大的改进空间。从改进进攻性战略操纵举措开始，图 5.2 所示的几个要点似乎很重要。主要的挑战似乎是如何在不冒着遭受过于严重的长期安全后果的风险情况下进行持久的成功操纵。

在实施战略模糊、欺骗与意外之前，操纵发起者应该谨慎地准备操纵前的准备工作，以及对外国目标完成相当多的背景分析。首先，关于规划需要，在开始操纵之前，需要清楚地阐明其最重要的目标和实现手段。[29] 这些目标和战略应当从与国家利益的相关性、可行性、潜在效力和感知的合法性等方面加以认真考虑。使用模糊、欺骗与意外不应总是被视为弱者的武器，或被视为可耻、不光彩或不道德的行为。其次，考虑到对情报的需求，了解对手目标的情报监视和预警系统的能力和弱点显得至关重要，包括哪些数据被仔细

谨慎准备预操作

计划

进行更连贯的高级规划，并以一致的共识确定关键战略目标和实现这些目标的方法。

情报

收集和分析有关外国目标的价值观、文化、期望和感性倾向的更好的情报。

选择可行的方法

可信度

利用更现实的和基于事实的操纵来最大限度地提高目标的可信度，将其与他们的恐惧和身份渴望联系起来。

确认性

尽可能在指定目标先前存在的信念的敏感范围内操作。

强化操作技巧

自决权

确保那些能够了解目标和战略真正细节的人有更多的自决权、保密性和不透明性。

渠道

更全面地搜索并找到或创建适当的信息渠道来影响指定目标。

克服目标阻力

杠杆作用

更好地利用当时所拥有的任何杠杆，比如通过声誉、资源或盟友建立的杠杆。

创造力

促进建立更具创造性的征服目标的组合方案，避免随着时间的推移重复使用相同的技术。

操纵后的公平评价

反馈

跟踪目标行为变化的更好的反馈，避免一厢情愿的想法，并灵活地适应这些变化。

意外事件

如果所做的操纵工作失败或适得其反，计算出更好的可行的应急路径或逃生路线。

图 5.2　信息过载下的进攻性操纵改进

跟踪，哪些数据被轻描淡写或忽视，以便操纵发起者能够仔细规避或禁用这些数据，以免提被提前发现。由于没有一个国家的情报预警系统能够全面覆盖所有基地，所以了解目标的情报优先系统就显得至关重要。这种情报应该包含有关目标如何反应和如何表现的信息，以及所选择的战略模糊、欺骗与意外的操纵形式将如何诱发这种行为。最广泛地说，关于目标倾向性的“情报深入渗透”是至关重要的。[30]

在选择可行的方法时，操纵发起者应在了解目标的战略文化和熟悉其感知倾向的基础上，采取最有可能对外国目标有说服力，也最有可能与他们的思维方式相联系的方法。[31] 每种操纵手法都必须“实事求是，以事实为依据，这样才会使对手相信”，并且“协调、整合、有凝聚力、准确，没有任何差距，以给对手提供一个连贯事件（的印象）”。[32] 帮助追求这种可信度将是一种操纵，这种操纵直接与目标根深蒂固的情感恐惧和身份渴望联系在一起，比如当地本土主义运动所持的那些恐惧和渴望。操纵技术应该用来强化目标已经存在的扭曲信念，在投射的图像和“进攻者的先入为主”[33] 之间具有高度的对应性，以便利用确认偏差。

为了加强操纵技巧，操纵发起者在对外使用模糊、欺骗与意外时应该更加敏感。考虑到谨慎的必要性，更好地保持意图和能力的秘密是至关重要的。[34] 人们应该“通过研究对手的弱点来伪装行动”，以确定要利用哪些领域。例如，在“9·11”恐怖袭击期间，“本 · 拉登的特工显然是依靠美国审计总署公开的报告来研究美国敏感设施的安全弱点的”。[35] 分散注意力（将攻击重点从有价值的资产上转移）和模糊处理（使有价值的资产看起来像是无价值的）可以用来最大限度地提高目标的模糊性、迷惑性、出其不意和对结果的无准备性，[36] 降低他们发动任何形式的有效反击的机会。在考察渠道的重要性时，至关重要的是不仅要发现和利用现有的正式和非正式渠道来达到指定的目标，而且要巧妙地创造新的影响渠道，特别是在没有令人满意的渠道的情况下创造“更加高度分离的知识体系”[37] 的渠道。[38]

为了克服目标的反击，操纵发起者应采用旨在压制任何外国目标反击的策略。关于杠杆，发起者需要仔细评估他们在对目标的脆弱区域进行操纵时所拥有的任何特殊杠杆，并加以利用。这种杠杆可能是联盟或相互依赖关系的功能、一段感知义务的历史、对自然资源的倾斜获取，也可能是区域或全球声誉。关于创造力，发起者需要富有想象力，能够扩大对目标立即使用操纵技术的范围，以超越其正确解释或有效应对这些技术的能力。

关于公平评估操纵后的情况，操纵发起者需要公平、均衡地评估应该事先采取的紧急措施。发起者应该寻求关于任何刚刚进行的操纵成功或失败的客观、平衡的反馈，以便优化未来的操纵工作。操纵后反馈的一个关键组成部分是仔细评估目标对事件的解释及其行为的后续变化。[39] 发起者需要特别注意，不要因为不经意间淡化任何潜在的不良长期余震而成为一厢情愿的受害者。在操纵失败的情况下，发起者应仔细检查操纵的后遗症，以明确操纵出错的位置和原因，以便能够调整其应用，从而在未来的工作中取得更大的成功。关于意外事件的重要性，当操纵是灾难性的时候，重要的是提前制定多种备选行动方案，以尽量减少长期损害。

信息过载下的防御反应改进

考虑到在信息过载下防御战略操纵反应的改进，如图 5.3 所示，几个要点似乎至关重要。主要的防御挑战是制定应对措施，从而有可能改进正在进行的数据解释，进而能够挫败过去及未来的外国操纵。根本主旨在于试图改变信息过载的影响，从增强跨国操纵机会转变为限制跨国操纵机会。

首先，要谨慎地解释数据，操纵目标在如何从外来信息中提取含义时应该更加谨慎。至于谨慎的必要性，信息消费者通常从表面价值来解释沟通，尤其是在“令人欣慰、令人信服或高度机密”[40] 的情况下。相反，显得尤为重要的是“小心那些过于整齐地落入单一模式的信息，这些模式似乎排除了其他同样合理的可能的行动方案”。[41]“不能总是从你自己的角度，也应从对手的角度来进行实际检查——如果一切都非常清楚，并且符合你的最佳情况，

谨慎解读数据

警惕

对数据整齐地落入单一模式、忽略其他合理的含义更加谨慎，并对扭曲的数据更加警惕。

现实性

避免更多倾向于高估自己的无懈可击，低估不受欢迎的袭击或结果。

深化困境认识

敏感性

更好地提高对其他文化的敏感性，避免将自己的价值观或推理模式投射到他人身上。

尊重

避免更多地将对手视为无知和不理智的人，并低估他们的复杂性。

完善威胁评估

培训

加强对情报分析人员的培训，使他们认识到自己的偏见，并接受数据和预测中的不确定性。

建议

让安全政策制定者从有能力、谨慎和经验丰富的外部各方寻求并获得更好的建议和帮助。

让对手措手不及

混淆

最大化发起者对影响和反应的不确定性，分散其对有价值资产的注意力，使收益看起来毫无价值。

流动性

创建一个多功能工具箱，其中包括流畅的反应、对意外事件的开放态度以及对适应的渴望。

增加恢复机会

学习

通过定期独立的内部和外部审查，从过去的防御成功和失败中更好地学习。

弹性

使社会中的每个人在面对意料之外的变化时更加警觉、有准备、能适应、能恢复和有弹性。

图 5.3　改进信息过载下的防御反应

而对手的行为与你在类似情况下的行为一致，那么你很可能被欺骗了。”[42] 此外，应在所有社会层面建立更好的保障措施，以确保传入的外国安全数据的可信度和准确性。对传入信号的含义以及最有效的防御措施保持持续的谨慎是至关重要的。考虑到现实主义的需要，操纵目标应该更加注意外国操纵可能带来的可怕后果，并更加坚决地避免对现有防御措施和反击措施的充分性感到自满。政府官员和公民都需要更加熟悉操纵的方法和实践[43]以及可能产生的负面安全后果，而不是强调现有的抗干扰性。

其次，为了加深对困境的理解，操纵目标应该找到更好的方法来发展对外国操纵发起者进行探索性的操作理解。关于敏感性的需求，目标需要改进对先入为主观念、标准操作程序和发起者文化的潜在价值的解读。尤其是对那些倾向于将自己的思维方式投射到发起者身上的西方目标来说，他们应该对巨大的文化和解释分歧保持高度敏感。在尊重方面，目标应避免将潜在的发起者视为落后或非理性的，以至于他们不可能成功地策划外国操纵。如果不对对手的能力和意图进行更冷静和更开放的评估，目标似乎很可能不恰当地忽视外国操纵的危险，以普遍存在的对恐怖分子的贬损观点为例：

> 我们……在某种程度上倾向于把恐怖分子视为异类。政府官员经常谴责恐怖分子是愚蠢的狂热分子——这些词排除任何知识内容。愤怒的言论可能会引起忧心忡忡的国内观众的共鸣，但却阻碍了理解对手的努力。[44]

相比之下，形形色色的对手往往拥有经过深思熟虑的操纵策略，这些策略对于他们操纵目的非常有效。

至于改进威胁评估，操纵目标应防范自身先入为主的扭曲效应，并在解释和应对外国危险时接受外部援助。需要对政府情报收集人员和分析人员提供更广泛、更集中的培训，以了解围绕解释战略模糊、欺骗与意外而产生的腐蚀影响。[45] 这种需要定期更新的培训应包括改善政府官员的意识和纠正由他们自己的偏见和现有的官僚惰性所造成的扭曲。在这方面，更多地接触与人类认知缺陷和组织决策缺乏灵活性相关的信息处理限制可能非常有帮助。在解释和应对外国操纵方面，还需要更加开放地请求和接受外部帮助，尤其是在没有足够情报能力的国家政策决策者中。在请求这类援助时，不应该有任何内在或外在的羞耻、羞辱或暴露软弱的感觉。考虑到低信噪比和跨越国界发送信号的微妙性，即使是具有重大情报能力的目标，也可能受益于这种援助。

考虑到不让对手提防，操纵目标应该找到防止对手发现其操纵反应过于可预测的方法。操纵目标应采取措施，隐瞒外部操纵的安全影响及其自身反应的性质和成功程度，以使对手迷惑。进攻者对其过去操纵行为的成本收益比越不确定，他们就越犹豫在未来对同一目标进行操纵。操纵目标显示出的灵活性和适应性越强，操纵发起者就越困惑于如何对付它。由于外国操纵不断发生变化，政府官员或公民都很难了解其所有可能的种类，特别是考虑到固定的标准操作程序和繁重的官僚惰性。避免目标安全政策反应瘫痪是至关重要的。在许多情况下，外国操纵的高风险目标最好成立特别应急小组，让那些责任人能够跳过繁文缛节，在操纵反应中迅速果断地采取行动。

最后是提高恢复的机会，外国操纵目标应该找到更好的方法，从过去的防御错误中吸取教训，并在面对外国袭击时更有弹性。第一，目标需要从过去的外国受害事件中吸取更好的教训，为今后的准备和应对提供更好的经验，并避免出现一种普遍的功能失调倾向，即使用选择性注意来避免发现明显的防御弱点。引进新的视角来帮助解释和应对外界操纵似乎是非常明智的，因为在通常情况下，与那些“可能提供新见解和不同观点的人”的协商不够充分。[46]需要定期对操纵反应及其影响进行独立的内部和外部审查，以防止社会自满。第二，关于恢复能力，目标需要通过提高操纵后恢复能力（快速重建和恢复受损目标基础设施和当局信誉的能力）为外国操纵作好防御准备。操纵目标应提高每个人对外国操纵动态和潜在成功反应的警惕性，后退一步并对对手所造成的不断变化的危险以及他们可能采取的追击策略进行深入的持续检查。提高目标对操纵模式的认识，包括大众和媒体的认识，似乎是成功防御的关键。[47] 这种警惕性应包括对低概率、高影响威胁的警告的关注——“决定预警判断对决策者重要性的不是概率本身，而是行动一旦发生的潜在后果。”[48] 在国际安全事务和全球交流过程中应持续预判战略模糊、欺骗与意外。

战略模糊、欺骗与意外的具体改进举措

所建议的进攻性操纵举措和防御性操纵反应的总体改进，突出了在信息过载情况下有助于管理战略操纵的广泛变化。然而，图 5.4 中总结的一些更具体的必要改进措施，特别适用于战略模糊、欺骗与意外。

信息过载下战略模糊管理的改进

对于战略模糊，关键的进攻性改进是：能够更自信地进行预测，因为专用情报使解释目标能够选择模糊信号；更好地利用由此产生的灵活性，保持选项的开放性，以及似是而非的可否认性，以逃避不必要的责任。关键的防御性改进是：进行更平衡的反应分析，而不是对次要威胁反应过度或对主要威胁反应不足；通过创造性地质疑潜在的假设，找出如何将模糊转化为更好地解决问题的机会。

围绕重要决策的模糊显然令人不安。在最近紧张的外交政策危机中，这一直是外国重大误解的一致根源[49]，并因此导致了许多灾难性的错误。在通常情况下，“我们处理模糊事情的能力往往很差，但我们可以做得更好”。虽然世界“总是在高风险的情况下处理模糊信息”，但今天对许多操纵目标来说，“世界感觉比以往任何时候都更具压制性和混乱性”。[50]

鉴于这些管理挑战，操纵目标要想更好地管理战略模糊，最基本的一步是大幅调整态度，强调接受和尊重模糊，并将其视为积极的机会，而不是对随后的解释和决策困境产生挫败感的破坏性制约因素。毕竟，模糊性是使情报分析人员对问题如此感兴趣的原因。[51] 更具体地说，接受模糊和随后的解释

信息过载下战略模糊管理的改进

进攻

由于专门的情报，解释目标会选择模糊信号，因此能够更自信地预测。
更好地利用由此产生的灵活性（保留选项的开放性）和似是而非的可否认性（逃避不必要的责任）。

防御

进行更平衡的反应分析，而不是对次要威胁反应过度或对主要威胁反应不足。
通过创造性地质疑潜在的假设，找出如何将模糊性转化为更好地解决问题的机会。

信息过载下战略欺骗管理的改进

进攻

更好地分析什么样的欺骗才能最好地利用目标的情报漏洞和可信来源。
考虑到欺骗的操作限制（偶尔的不可用性和重复使用的困难性），选择更好的欺骗方式。

防御

让那些拥有有效的反欺骗措施的国家更好地帮助那些缺乏这类能力的盟国隐藏或管理弱点。
公开已知操纵发起者的欺骗行为，以便在全球范围内揭露他们。

信息过载下战略意外管理的改进

进攻

更加熟悉与提议的意外行动相关的目标预期。
更好地了解目标情报监视和预警系统的弱点，以便能够使其失效、损坏或规避这些弱点。

防御

跳出思维定式进行更具创造性的思考，偏离典型的计划，从而预测、应对意外和从意外中恢复。
通过加强战略预警，提前采取行动，从而更好地遏制突发事件带来的负面安全后果。

图 5.4　战略模糊、欺骗与意外的具体改进方案

斗争可以成为一种“情感放大器”，可以增强创造力，改进问题解决能力，增加对非黑即白分析的合理质疑，并开启分裂争议的讨论——“模糊可以帮助我们学习新东西，解决一个难题，或者从另一个角度看世界。”[52] 在这种情况下，为了改进我们的思维方式，我们需要“学会适应新形势”。[53] 在这种情况下，有时减少模糊的压力可能是灾难性的，因为经历“减少模糊的欺骗”是很常见的，这使目标“非常确定，非常果断，而且是错误的确定和果断”。[54]总的来说，在“一个日益复杂、不可预测的世界”里，对成功生存来说最重要的似乎是“我们如何处理我们不了解的事情”。[55]

诚然，在关注外国安全信息和通信时，找到适当的方法来管理战略模糊似乎特别具有挑战性，因为安全数据的不可靠性是一个主要障碍，它干扰了使用确认和不确认的证据来区分相互冲突的解释以便作出更好的决定。然而，即使这样，将一个国家方向重新聚焦于战略模糊可能有助于提高其安全效果。操纵发起者可以注重更多地利用由此产生的更大的灵活性，从而使多条路径保持畅通，并且有能力达成国际安全协议，这些协议的模糊语言允许所有签署国以不同的方式解释其承诺，使他们拖延和推迟艰难决策，能够对不受欢迎的决定和结果的内部和外部责任进行似是而非的否认。

信息过载下战略欺骗管理的改进

对于战略欺骗，关键的进攻性改进是：更好地分析什么样的欺骗最能利用目标的情报漏洞和可信来源；考虑到欺骗的操作限制（偶尔的不可用性使用的困难性），选择更好的欺骗方式。主要的防御性改进是：让那些拥有有效的反欺骗措施的国家更好地帮助那些缺乏这类能力的盟国隐藏或管理弱点；公布已知操纵发起者的欺骗行为，以便在全球范围内揭露他们。

对于发起的进攻，有时欺骗不是一个可行的选择，因为隐藏似乎是不可能的，而且欺骗可能只起一次作用，之后受骗的一方就会把事情弄清楚。尽管如此，通过更多地了解目标依赖什么作为最可靠的情报来源，可以帮助改进进攻性欺骗管理。例如，“基地”组织调查了对方政府监听的电话线，以传播误导性信息。[56]值得注意的是，策划“9·11”恐怖袭击的恐怖分子收集的缜密情报，成为进攻性欺骗管理的范例；“熟悉西方国家”是“‘基地’组织领导人在挑选飞行员和小分队领导人时最为追求的特征之一”，这使得“劫机者能够更容易地融入美国社会，从而满足了保持匿名和模糊的关键要求”。[57]

对于防御反应，目标通常会为对手所欺骗，至少是暂时地被骗，从而导致严重而代价高昂的误判。由于战略欺骗的普遍性，目标应考虑更仔细地修正对对手武力水平的估计，以便纳入欺骗的可能性。[58] 对欺骗的合理防御反应是广泛宣传先前检测到的欺骗行为，以便在全球范围内揭露操纵发起者。促进透明度和试图揭露腐败的跨国活动团体，以及促进讲真话和揭露欺骗的互联网社交媒体网站，为促进全球对战略欺骗的认识提供了良好的渴望和意愿的渠道，这种认识有时有助于阻止未来的操纵行动。

美国确实需要这方面的防御改进：

> 美国的世界观不利于理解狂热的态度、系统的保密、没有成功前景的持续牺牲、失败即胜利的悖论以及否认和欺骗的决心。同样的情报看法和心理倾向使得美国官员难以建立和实施全面、协调的反欺骗计划。[59]

或许在盟国之间分享更多的反欺骗措施，以掩盖或管理关键弱点，似乎是在克服西方（或非西方的）文化障碍方面取得成功的关键。

在具体处理外国安全信息和通信时，由于当今国防信息过载的低信噪比特性，战略欺骗似乎特别难以察觉。由于与敏感的国防数据相关的高度机密性和安全等级，目标内部的情报机构经常受到阻挠，因为进攻似乎远远领先于防御。标准的情报收集手段可能受到加密和有限的信息传播的阻碍，[60] 可见的保护性监控可以显示欺骗者在何处传递可信的虚假信号。然而，即使在这种情况下，更加协调一致的目标努力也有助于掩盖可通过欺骗手段利用的关键情报来源的真实范围和性质。

信息过载下战略意外管理的改进

对于战略意外，主要的进攻性改进是：更加熟悉与提议的意外行动相关的目标预期；更好地了解目标情报监视和预警系统的弱点，以便能够使其失效、损坏或规避这些弱点。主要的防御性改进是：跳出思维定式，偏离典型的战略规划，更具创造性地思考，以预测、应对意外并从中恢复过来；通过加强战略预警，提前采取行动，更好地遏制战略意外对国家和人类安全带来的负面后果。

为什么目标很难采取有效的先发制人行动来防止战略意外，以及为什么预防突然袭击的防御行动比预防模糊或欺骗要少，原因有以下几个：

> 防范意外是很困难的，其原因深深植根于人类心理、政治不确定性、军事复杂性和组织黏性中。使意外减少后果是困难的，因为……这只能通过两种方式来实现，而这两种方式都对西方社会没有吸引力。第一种是在兵力水平上完全过度保障，这样能发展出优越的能力，即使一开始就有很大一部分被削弱，他们也能取得胜利……第二种合乎逻辑的解决方案对西方政治领导人来说几乎是难以接受的：在和平时期发展如此高水平的战备能力，不受集体政治授权改变态势的限制，以至于准备战斗所需的警告或决策时间微乎其微。[61]

这些挑战解释了为什么欺骗“几乎总是能成功地实现意外，而不管对手的经历如何”。[62] 在通常情况下，即使是拥有出色监视能力的目标也会被战略意外弄得不知所措，其短期的安全后果往往是毁灭性的。当意外的发起者了解目标的期望和情报系统的弱点时，成功似乎特别有可能发生。

尽管如此，对意外的操纵目标，也有可用的防御反应选项，即使不能始终防止意外，也可以减少其负面影响或提高准备和恢复能力。创造性地跳出思维定式思考可能发生的事情以及如何应对似乎显得格外重要，情报分析人员需要克服一种常见的倾向，即“规避风险，更关注避免错误，而不是想象意外”。[63] 情报分析人员在试图想象突发事件时避免陷入常规的方法是以一种特殊的方式审视过去的战略意外：

> 分析人员应该记录突发事件，认真地思考它们可能意味着什么，而

不是无视它们或为其辩解。重要的是要考虑这些意外（无论多么小）是否符合一些不同的假设。一个意想不到的事件可能很容易被忽视，但是一系列的意外可能是你对所发生事情的理解需要进行调整的第一个线索。[64]

如果目标要从战略意外中恢复过来，这得靠先进的准备工作，它们“必须有足够的活力和弹性，从危机中恢复过来，并作好充分准备，在灾难性事件发生时尽量减少损失”。[65] 鉴于“情报失败是不可避免的，我们必须学会生活在模棱两可之中——避免意外的最好办法是一旦发生就能够应对”。[66] 此外，目标需要提前行动，尽量遏制对国家和人类安全造成的后果。[67] 这种遏制措施强调通过加强目标预警系统、多挤出一点的时间来为余震作准备、最大限度地减少直接造成人员伤亡和财产损失的机会，从而减轻短期安全破坏的严重性。[68] 这里的希望是“采取防御措施来转移最危险的可能性，或者至少触发早期预警”。[69] 加强战略预警（通过明确预警任务、增加相关资源、完善评估分析）[70] 是任何成功的战略意外防御反应的重要组成部分。

在具体处理外国安全信息和通信时，战略意外似乎最容易被发现，因为当面对意料之外的常规军事攻击时，重大可见的活动必然提前发生。然而，在这种情况下，“即使拥有世界上最好的装备，全世界的军事部队也经常被他们的对手搞得措手不及”。[71] 一个常见的解释障碍为：不是防御性反应选项无法应对战略意外，而是目标政府在长时间的平静之后出现自满情绪，导致现有的反应选项不能得到恰当的应用[72]——这种“不可能在这里发生”的典型意见是预防危机、从中吸取教训和妥善准备危机的主要障碍。[73] 当目标政府的外交安全政策制定者被意外打乱时，他们一贯的下意识反应通常是无效的，因为责任通常是分散的，所以很难将责任归咎于采取纠正行动上。[74] “被这种突然袭击伤害的政府，更有可能选择对肇事者采取严厉和冒险的反应，从而有可能使双方陷入不断升级、往往旷日持久的对抗，而这在人力和经济方面都要付出高昂代价。”[75] 为了解决责任扩散的问题，克服政府官僚机构组织决策的不灵活性，就应该“更好地进行机构间的协调与合作”以减少攻击的直接脆弱性，提高及时反应能力，[76]然后直接规避过度划分和应用“需要知道原则”所造成的信息共享障碍。[77]为了克服快速冲动的苛刻的目标反应的问题，需要有反思时间来“随心所欲、不受约束、不加批判”地考虑反应想法，这就需要在作出政策决定之前进行“延缓判断”。[78]

结 语

寻找意义是人类普遍的消遣方式。尽管这种追求往往不切实际，但这样做却为生存提供了一个中心目标。我们迫切感到需要了解周围的世界，并找到解释周围世界混乱的方法。我们想办法拒绝生活在一个被秘密和神秘笼罩的幻觉世界中，急切地想知道到底发生了什么，这样我们才能采取措施来维持有效的东西，改变失败的东西。找到一种准确解释信息的方法对于作出合理的预测、进行成本效益分析、评估风险、作出正确的决策以及最终采取建设性的行动，都是至关重要的。

当信息过载和战略操纵围绕着我们时，我们对意义的探索常常受到阻碍。这就使得无论是政府官员还是普通公民，都可能变得困惑、恐惧、迷失、麻木、愤怒和沮丧，而且看不到摆脱这种困境的明确途径。他们感到自己已经为无法控制的趋势所边缘化，无法在快速变化的体系中为自己找到一个安全的位置，并对未来高度不确定。尽管他们花费了创纪录的时间和精力来吸收信息、接收和发送信息，他们手中掌握着他们想要的所有数据，但他们不知道该相信什么，也不知道该想什么，许多人对处理真正发生的事情所需的成本及其复杂性感到不知所措。公民们想知道，国家政府或其他权力机构是否有更好的重大计划来纠正这种情况，而国家政府想知道他们是否能提出更好的办法来加强对意义的探索，以保护公民免受外国操纵带来的不安全感加剧的蹂躏。

国际关系中非正式影响力的上升

在信息过载的情况下广泛使用战略操纵，是当今全球安全环境下的一个症状，即在多大程度上，微妙的、有细微差别的、间接的、无形的跨国影响和控制的手段取代了粗暴的领土接管。事实上，这“可能是历史上第一次造成损害和造成战略错位的能力不再与资本投资、优越的动机和训练或技术实力成正比”。[1] 相反，“非正式渗透”[2] 是新的常态，需要更全面地了解对手正式和非正式的以及自上而下和自下而上的规划和决策过程。[3] 许多重要的国际信息都是通过非正式渠道传递的。不管成功率如何，操纵信息的欲望越来越强烈，人们想在塑造他人认知的同时，为自己弄清楚到底发生了什么。尽管信息过载可以削弱其影响，但宣传工作正在经历重生——在一个假新闻和可疑的全球趋势日益成为头条新闻的时代，所有人比以往任何时候都更不确定自己的安全。

在无政府主义状态的全球安全环境中，有选择地使用战略模糊、欺骗与意外，有时可能是追求外交安全政策目标和有效传达信息的一种廉价而有效的途径。对于进攻发起者来说，通过非正式渠道操纵似乎特别容易成功，比如确认根深蒂固的情感恐惧和身份渴望，将问题归咎于外国人并转移人们对国内失败的注意力，将进攻性行为描述为势力范围内的防御行为。对于防御目标来说，通过非正式渠道的操纵反应似乎特别成功，因为它们来自一致下定决心的警惕，有准备、有适应能力和有弹性的社会。

战略操纵的道德问题

即使有人在道德基础上坚定地认为，战略操纵发起者的短期利益不可避免地要被国际体系稳定的重大长期成本所抵消，但今天的全球操纵准则倾向于默许对外国目标使用战略操纵。大多数国家的政治领导人使用战略模糊、欺骗与意外的手段，主要针对外国对手，但至少偶尔也会针对盟国甚至国内的普通公民。例如，针对对手的战略欺骗一般被认为在道德上是可以容忍的，这实际上也是外交的一个常规组成部分[4]——“在国家间的关系中，使用欺骗已经被默认为准合法的，各国已经学会将其视为一种生存方式。”[5]无论其安全后果如何，这种操纵行为通常会发生且不会受到惩罚，在战略模糊、欺骗与意外的袭击行为中的受害者足够愤世嫉俗，袭击行为通常也不会在事后转化为有意义的反制措施（惩罚或报复）。在当前的无政府主义状态的世界中，外国操纵的盛行是因为目标和外部观察者之间固有的可信度混乱，以及对各种操纵行为的合法性普遍存在不同的价值观。

尽管全球默许了这一点，但围绕战略操纵的道德问题依然存在。在国际关系中，信任是一种真正珍贵和脆弱的商品，信息过载会遮蔽并掩盖信任的基础，而战略模糊、欺骗与意外不断侵蚀其含义和操纵影响。国家和非国家团体之间普遍缺乏基本的信任和尊重，很容易摧毁建设性的集体行动的任何基石，并助长全球无政府主义暴力。

那些公开支持开明、民主、透明的美德的人在内部或外部进行战略操纵，凸显了一种道德上值得怀疑的虚伪，因为这不符合任何人的利益。并非所有的操纵行为在道德上都同样存在问题：进攻性地使用外国操纵，似乎比针对外国操纵的防御性模糊更有争议；针对本国公民似乎比针对外国对手更有争议，因为这侵犯了公民的“知情权”；恶意伪造的数据似乎比善意捏造的数据更有争议，因为缺乏提供准确来源的信息通常被认为是可以理解和原谅的。

面对这些重大的全球道德问题，避免直接面对它们似乎是愚蠢的。无论日益增长的信息获取和国际战略操纵多么具有挑战性，还是“无知是福”的回应和“将理解和判断委托给专家”的回应，似乎都不是可行的补救办法。

由于信息过载已经扩大了所有领域对战略操纵的频率和隐含的容忍度，因此，如果一个国家希望通过让自己的表达被国际社会贴上操纵的标签来避免道德败坏，那么它的措辞就必须清晰、准确和可预测，并辅以切实的支持行动，以提高其可信度。在一个虚伪的世界里，要想拥有这种“诚实经纪人”的形象，唯一的办法就是收集多种形式的确凿证据来加以证明。然而，由于根深蒂固的全球怀疑论，完全回避战略操纵，并试图在任何场合都真实透明地与他人沟通，似乎不太可能实现预期的、确信的、可预测的跨部门合作，而且很容易导致安全政策的失败。

信息透明度悖论

鉴于这些道德因素，在沟通中提高透明度、准确性、精确的清晰度和可预测性并不总对全球安全最有利，尤其是在与无情的对手打交道时。从表面上看，这种沟通方式似乎是最高尚和值得称赞的，许多公民更喜欢可预测的透明清晰的世界，而不是一个不易察觉的信号、微妙的沟通和迂回的隐藏意图肆意横行的世界。然而，在一个充满模糊、欺骗与意外信号的全球环境中，透明度在功能上可能与操纵难以区分，有时误解、混淆或错觉实际上是国际稳定所需要的。在一个扭曲已成为常态的世界里，如果认为在全球交流中表现得直接诚实，就会收获信仰、友谊、合作和顺从的回报，这种想法可能太幼稚。

矛盾的是，尤其是在信息过载的情况下，增加透明度往往会加深国际冲突。因为“透明度影响的是观察者接收到信息的数量和类型，而不是信息的解释”，它可能无意中“提供过多的信息而加剧冲突，使人们更难对另一个国家的意图作出准确的判断”，也就是说“透明度所提供的大量信息，不仅可能在国际冲突中制造混乱和模糊，而且可能破坏解决冲突的幕后努力”。[6]这种意想不到的副作用很难防范。

高度的透明度既不能保证对信息的准确解释，又不能保证对有争议观点的平衡认识，还不能保证作出适当的决定。在铺天盖地的信息洪流中，当代世界给予我们的现实和真相超出了我们的承受能力，而且由于其耸人听闻的吸引力，即好战性和极端主义的观点可能比温和的、微妙的以及和解的姿态受到更多媒体和大众的关注。[7] 因此，对可怕的国家威胁或弱点的完全透明可能会导致公众普遍的恐惧、不安以及对政府的不满，并认为政府无能，因为它不能轻易控制或消除所谓的迫在眉睫的危险。在这种情况下，政治领导人不愿公开透露细节，也不愿让公民透明地了解各种令人沮丧的突发事件：

> 假设不可思议的事情发生了，恐怖分子用原子弹袭击了纽约或其他大城市。那里的人该怎么办？政府传达了一个令人惊讶的新消息：不要逃跑。进入任何稳定的建筑，在官方宣布安全之前不要出来。
>
> 这一建议是基于最近的科学分析得出的。这些分析表明，如果你能立即保护自己免受爆炸后致命辐射的伤害，那么在核袭击中生存下来的可能性要大得多，这一简单的策略被视为挽救了数十万人的生命。研究显示，即使待在车里，伤亡人数也会减少 50% 以上，躲在地下室会更好。
>
> 美国联邦应急管理署署长克雷格·福盖特（Craig Fugate）在接受采访时说："我们必须克服一个心理障碍，即这件事太可怕了，让人难以想象。我们必须作好应对的准备，帮助人们学会如何最好地保护自己。"[8]

因此，当新闻令人欣慰，或者至少不是完全令人震惊时，数据透明度似乎是最安全的。

在各个社会中，数据透明度的一个共同特点是，所有人都在口头上追求它，而不是实际采取具体步骤来确保它的全面实施。大众对这种模式的不满情绪在民主国家中最高。鉴于目前可用的信息来源种类繁多，我们甚至不清楚大幅提高政府安全透明度是否会产生巨大的影响，因为许多新信息可能会淹没在非国家生成的数据洪流中。因此，随着信息过载的不断增加，过度透明的危险持续存在，加上不确定的透明回报，在可预见的未来，相当不透明的现状似乎很可能会持续下去。

未来全球数据冲击的危险

随着全球信息过载、安全数据不可靠、人类认知缺陷、组织决策缺乏灵活性、文化多样性以及政治上的无政府状态，加剧了对外来信号的误解和操纵。一个不祥的奥威尔式的未来可能出现，通信控制者可以随心所欲地玩转数据。如果没有万无一失的事实核查，每个人都可能受到熟练操纵者的摆布。两种极端的反应似乎都是可能的，它们都破坏了让世界联网的最初目标——防止人们为片面宣传所欺骗，以及开放政策，接受自下而上的影响。

第一个立场是卢德式的反数据叛乱。由于数据的复杂性和混乱性，人们可能会认输，即对信息过载感到厌倦，对数据的价值变得麻木，并默认放弃自己进行数据解释的权利。同时，基于科学实证分析的循证决策的价值也将被否定，取而代之的是直觉或经验。如果这种令人沮丧的模式继续下去，它可能会威胁到民主进程的完整性，因为公民选择退出政治进程，或者缺乏挑战政权政策的工具或意愿。

第二个立场是盲目相信计算机数据分析的准确性。由于信息过载似乎使机器在数据解释方面比人更有优势，技术倡导者可能会推动不带偏见的计算机化数据评估来完全取代有缺陷的人类判断，以此作为外交安全政策的基础。将人类从循环中剔除似乎可以促进全面性和客观性。由于为计算机技术能力所迷惑，人们可能过于相信它们的价值，赞同一种“数据激进主义”，认为数字不会说谎，它构成了客观真理。[9]

合作应对全球数据冲击的必要性

鉴于快速变化的相互矛盾的数据，情报分析人员需要摒弃这样一种观点，即获取额外信息可确保获得关于对手意图或行动的真实和最新情况，而是接受更多不确定的、细致入微的、试探性的和限定性的判断。“无论技术变得多好、多快或有多创新，人们永远不会有‘足够的’情报来作出决定性的评估和预测。”[10]在没有证据的情况下，迫切要求得出明确的结论可能会破坏分析，并与数据误读一样可能产生负面的安全后果。因此，在情报收集方面，最佳的操纵成功指标应该是“比其他人更有优势”——比对手有更好的情报。[11]为此，加强多种形式的合作至关重要。

负责任的人机协作的必要性

情报分析人员显然需要额外的帮助，因为针对外国安全威胁的“情报分析对大型动态数据流的依赖可能在其他行业中都没有比这更明显”[12]，而且数据革命已经超过了“情报组织分析和解释信息的能力”。[13]事实上，经验丰富、训练有素的专业人士很容易成为外国复杂虚假信息的牺牲品。单靠人类和人工智能自动化系统都无法单独应对全球数据冲击。这是由于数据质量较低，将控制权交给高质量的黑盒自治系统也是有问题的，因为它可能使误解持续存在，并不恰当地加强善意捏造和恶意伪造。然而，考虑到数据量巨大，让决策权完全掌握在人类手中同样是麻烦的，因为人类存在着无数的局限性，而这些局限性与认知缺陷、组织缺乏灵活性以及最终易受外部战略操纵影响有关。

问题的解决方案是让自动化的数据驱动决策系统和情报分析人员协同工作，这样计算机就可以辅助而不是取代人类。在这一努力中，数据科学需要努力的项目远远超出简单的大数据分析和信息挖掘。考虑到大容量数据，现代数据科学将采用强化学习技术，快速自动地确定要作出哪些决策，而不是使用过去严格的基于规则的人工智能系统。但鉴于低质量安全数据的普遍存在，人类需要密切合作，以防止出现不合理或被误导的结果。为了优化这种协作，需要进行更多的研究，以充分利用人类和计算机的独特优势，快速、安全、有效、合法地作出艰难的数据驱动决策；解决在现实世界安全情报环境中开始部署自动化系统不可避免产生的新挑战；理解允许人工智能系统识别和管理新兴文化问题的政治影响。

负责任的国家间合作的必要性

在应对全球数据冲击的能力方面，国际社会的不平等状况正在加剧。因此，具有专业知识的国家帮助没有专业知识的国家加强跨国家合作似乎是必不可少的，因为误解和操纵的连锁反应很少只出现在一个国家内。关于数据访问，在世界上的一些地方，没有可靠的互联网可以使用，妨碍了对重要数据的基本可预测访问。关于管理传入数据的技术技能，国家之间的不平等似乎更大。如果那些拥有数据访问权限和专业知识的国家继续出于狭隘的自身利益而忽视需要帮助的盟友，那么信息"拥有者"和"缺乏者"之间的差距将会继续扩大。提高信号可靠性和信任度，同时加强情报分析人员的培训（培训内容包括何时以及如何最好地与外界分享见解），这些将是实现有意义的跨国合作的先决条件。

负责任的公民与政府间合作的必要性

在克服信息解释障碍、从信号中获得意义、抵制外部操纵以及促进国家和人类安全方面，公民与国家政府之间更好的合作也是必不可少的。与国家间的合作一样，公民与政府之间的合作首先需要增进互信。这可以通过以下方式实现：一是在面临信息过载和战略操纵时，对常见的困惑和弱点进行更开放和诚实的双向讨论；二是为了更好地监测和预防外国威胁，需要在牺牲个人自由和隐私方面达成一种双方都能接受的平衡。

总结性思考

归根结底，在一个充斥着信息过载和信号操纵的世界中，与功能障碍作斗争是我们所有人的责任，而不仅仅是国家政府、私营企业、信息技术专家和国际组织的责任。与过去相比，"根本性的变化是，现在我们每个人作为个体，都有更多的责任去了解什么是真实的，什么是虚假的"，这意味着新的义务和风险。[14] 虽然我们大多数人缺乏时间、精力、专业知识或动机来反思，如何最好地应对信息过载和战略操纵，而且这些努力可能会带来相当大的情绪压力，但在信息过载时代，驾驭战略操纵已经成为一项真正普遍重要的生存技能。如果新的国际准则不断为模糊、欺骗与意外的数据所淹没，那么我们至少可以尝试让发起者和目标之间在随后的攻防战中受到更谨慎的约束。由于安全风险如此之高，我们迫切需要在应对全球数据冲击方面取得重大进展。

注 释

导 论

1. For an early discussion of the ramifications of the signal-to-noise ratio in information interpretation, see Roberta Wohlstetter, *Pearl Harbor: Warning and Decision* (Stanford, CA: Stanford University Press, 1962), 392.

第一章 全球信息过载

1. Alvin Toffler, *Future Shock* (New York: Random House, 1970); "Too Much Information: How to Cope with Data Overload," *The Economist*, June 30, 2011, http://www.economist.com/node/18895468.

2. Yaacov Y. I. Vertzberger, *The World in Their Minds: Information Processing, Cognition, and Perception in Foreign Policy Decisionmaking* (Stanford, CA: Stanford University Press, 1990), 87.

3. Bree Nordenson, "Overload! Journalism's Battle for Relevance in an Age of Too Much Information," *Columbia Journalism Review*, November–December 2008, http://archives.cjr.org/feature/overload_1.php.

4. "Fake News," *60 Minutes*, March 26, 2017, https://www.cbsnews.com/video/the-attack-in-garland-fake-news-chess-country.

5. "Too Much Information."

6. Daniel J. Levitin, *The Organized Mind: Thinking Straight in the Age of Information Overload* (New York: Penguin, 2014), 6.

7. William J. Lynn III, "Defending a New Domain: The Pentagon's Cyberstrategy," *Foreign Affairs* 89 (September–October 2010): 98.

8. John Arquilla and David Ronfeldt, "Cyberwar Is Coming!" in *In Athena's*

Camp: Preparing for Conflict in the Information Age, ed. John Arquilla and David Ronfeldt (Santa Monica, CA: Rand, 1997), 23. See also "Fierce Cyber War Predicted," *CSO*, March 3, 2003, https://www.csoonline.com/article/2115962/data-protection/fierce-cyberwar-predicted--post-9-11-training-sped-rescue-at-station-fire--your-home.html.

9. Martin C. Libicki, "Information War, Information Peace," *Journal of International Affairs* 51 (Spring 1998): 411–412.

10. Joe Havely, "Why States Go to Cyber-War," *BBC News*, February 16, 2000, http://news.bbc.co.uk/1/hi/sci/tech/642867.stm.

11. Bernard I. Finel and Kristin M. Lord, "The Surprising Logic of Transparency," *International Studies Quarterly* 43 (June 1999): 315.

12. Ibid., 315.

13. Executive Office of the President, *Big Data: A Report on Algorithmic Systems, Opportunity, and Civil Rights* (Washington, DC: U.S. Government Printing Office, 2016), 21.

14. Finel and Lord, "Surprising Logic of Transparency," 319.

15. Nicholas Carr, *The Shallows: What the Internet Is Doing to Our Brains* (New York: Norton, 2010), 2–3.

16. David Shenk, *Data Smog: Surviving the Information Glut* (New York: HarperCollins, 1997), 22.

17. Ibid., 15.

18. Carr, *Shallows*, 224.

19. Shenk, *Data Smog*, 52.

20. Charles Handy, "As I See It (the Future of Information)," in *i in the Sky: Visions of the Information Future*, ed. Alison Scammell (Chicago: Fitzroy Dearborn, 2000), 17.

21. Alan Schwartz, David M. Grether, and Louis L. Wilde, "The Irrelevance of Information Overload: An Analysis of Search and Disclosure," Yale Faculty Scholarship Series Paper 1123, 1986, pp. 277, 301, http://digitalcommons.law.yale.edu/fss_papers/1123.

22. Michael Webb, *Creating a New Reality: Information Age Effects on the Deception Process* (Maxwell Air Force Base, Alabama: Air University School of Advanced Air and Space Studies, 2006), 71.

23. "Fake News."

24. Richards J. Heuer, *Psychology of Intelligence Analysis* (Washington, DC: Central Intelligence Agency Center for the Study of Intelligence, 1999), 52.

25. Cynthia M. Grabo, *Anticipating Surprise: Analysis for Strategic Warning* (Bethesda, MD: Center for Strategic Intelligence Research at the Joint Military Intelligence College, 2002), 93.

26. Shenk, *Data Smog*, 15, 19.

27. "Too Much Information."

28. Grabo, *Anticipating Surprise*, 93.

29. Michael D. Brice, *Strategic Surprise in an Age of Information Superiority: Is It Still Possible?* (Maxwell Air Force Base, Alabama: Air War College at Air University, 2003), 4.

30. Michael I. Handel, "The Yom Kippur War and the Inevitability of Surprise," *International Studies Quarterly* 21 (September 1977): 464–468; Yigal Sheffy, "Overcoming Strategic Weakness: The Egyptian Deception and the Yom Kippur War," *Intelligence and National Security* 21 (2006): 813–815.

31. Amir Oren, "The Yom Kippur War Came as a Surprise to the Egyptians as Well, Documents Show," *Haaretz*, October 13, 2016, https://www.haaretz.com/israel-news/.premium-1973-war-came-as-surprise-to-egypt-as-well-documents-show-1.5448940.

32. Rodney C. Richardson, "Yom Kippur War: Grand Deception or Intelligence Blunder," *GlobalSecurity.org*, 1991, https://www.globalsecurity.org/military/library/report/1991/RRC.htm.

33. Handel, "Yom Kippur War and the Inevitability of Surprise," 469.

34. Robert Mandel, *Optimizing Cyberdeterrence: A Comprehensive Strategy for Preventing Foreign Cyberattacks* (Washington, DC: Georgetown University Press, 2017), 88–94.

35. Handel, "Yom Kippur War and the Inevitability of Surprise," 473.

36. See Uri Bar-Joseph, *The Watchman Fell Asleep: The Surprise of the Yom Kippur War and Its Sources* (Albany: State University of New York Press, 2005).

37. Handel, "Yom Kippur War and the Inevitability of Surprise," 476.

38. Sheffy, "Overcoming Strategic Weakness," 825.

39. Handel, "Yom Kippur War and the Inevitability of Surprise," 462.

40. Michael J. Ahn, "Effective Policy Communication in the Age of Information Overload and YouTube," Brookings Institution, August 11, 2014, https://www.brookings.edu/blog/techtank/2014/08/11/effective-policy-communication-in-the-age-of-information-overload-and-youtube/.

41. Ibid.

42. "Fake News."

43. Will Oremus, "How 'Big Data' Went Bust," *Slate*, October 16, 2017, http://www.slate.com/articles/technology/technology/2017/10/what_happened_to_big_data.html.

44. Viktor Mayer-Schönberger and Kenneth Cukier, *Big Data: A Revolution That Will Transform How We Live, Work, and Think* (New York: Eamon Dolan/Mariner, 2014), 6.

45. Ibid., 12–13.

46. National Science Foundation, "Core Techniques and Technologies for Advancing Big Data Science and Engineering (BIGDATA)," 2012, http://www.nsf.gov/pubs/

2012/nsf12499/nsf12499.pdf.

47. Kenneth Neil Cukier and Viktor Mayer-Schoenberger, "The Rise of Big Data: How It's Changing the Way We Think About the World," *Foreign Affairs* 92 (May–June 2013): 28.

48. Oremus, "How 'Big Data' Went Bust."

49. Cukier and Mayer-Schoenberger, "Rise of Big Data," 35.

50. Anthony G. Oettinger, "Whence and Whither Intelligence, Command and Control? The Certainty of Uncertainty," Harvard University Program on Information Resources Policy, February 1990, p. 3, http://www.pirp.harvard.edu/pubs_pdf/oetting/oetting-p90-1.pdf.

51. Kate Crawford, "The Hidden Biases of Big Data," *Harvard Business Review*, April 1, 2013, https://hbr.org/2013/04/the-hidden-biases-in-big-data.

52. Cukier and Mayer-Schoenberger, "Rise of Big Data," 31.

53. Mayer-Schönberger and Cukier, *Big Data*, 13, 32.

54. Megan Smith, D. J. Patil, and Cecilia Muñoz, "Big Risks, Big Opportunities: The Intersection of Big Data and Civil Rights," May 4, 2016, https://obamawhitehouse.archives.gov/blog/2016/05/04/big-risks-big-opportunities-intersection-big-data-and-civil-rights.

55. Oremus, "How 'Big Data' Went Bust."

56. Damien Van Puyvelde, Shahriar Hossain, and Stephen Coulthart, "National Security Relies More and More on Big Data: Here's Why," *Washington Post*, September 27, 2017, https://www.washingtonpost.com/news/monkey-cage/wp/2017/09/27/national-security-relies-more-and-more-on-big-data-heres-why.

57. Karan Jani, "The Promise and Prejudice of Big Data in Intelligence Community," October 26, 2016, p. 9, https://arxiv.org/ftp/arxiv/papers/1610/1610.08629.pdf.

58. Damien Van Puyvelde, Shahriar Hossain, and Stephen Coulthart, "Beyond the Buzzword: Big Data and National Security Decision-Making," *International Affairs* 93 (2017): 19.

59. Jani, "The Promise and Prejudice of Big Data in Intelligence Community," 11–12.

60. Oremus, "How 'Big Data' Went Bust."

61. Erik Gartzke and Jon R. Lindsay, "Weaving Tangled Webs: Offense, Defense, and Deception in Cyberspace," *Security Studies* 24 (2015): 333.

62. Kelvin Fu Wen Hao, "Globalisation and Its Impact on Military Intelligence," *Pointer: Journal of the Singapore Armed Forces* 41 (2015): 6.

63. Webb, *Creating a New Reality*, 71.

64. Jani, "The Promise and Prejudice of Big Data in Intelligence Community," 18.

65. Shenk, *Data Smog*, 29, 31.

66. "Too Much Information."

67. James Gleick, *The Information: A History, a Theory, a Flood* (New York: Pantheon, 2011), 403.

68. Gleick, *Information*, 403.

69. John B. Horrigan, "Information Overload," Pew Research Center, December 7, 2016, http://www.pewinternet.org/2016/12/07/information-overload/.

70. David Skyrme, "Information's Golden Age: Substance with Style," in *i in the Sky: Visions of the Information Future*, ed. Alison Scammell (Chicago: Fitzroy Dearborn, 2000), 44.

71. Levitin, *Organized Mind*, 7.

72. Mayer-Schönberger and Cukier, *Big Data*, 9.

73. Nordenson, "Overload!"

74. Bill Kovach and Tom Rosenstiel, *Blur: How to Know What's True in the Age of Information Overload* (Bloomsbury, NJ: Bloomsbury USA, 2011), 6. See also Tyler Cowen, "How Real News Is Worse Than Fake News," *Bloomberg*, September 5, 2018, https://www.bloomberg.com/view/articles/2018-09-05/how-real-news-is-worse-than-fake-news.

75. Hao, "Globalisation and Its Impact on Military Intelligence," 3.

76. Ahn, "Effective Policy Communication."

77. Kovach and Rosenstiel, *Blur*, 7.

78. Gerald Sussman, *Communication, Technology, and Politics in the Information Age* (Thousand Oaks, CA: Sage, 1997), 51.

79. Illustrating such citizen fears are Cathy O'Neill, *Weapons of Math Destruction: How Big Data Increases Inequality and Threatens Democracy* (New York: Broadway, 2017); and Frank Pasquale, *The Black Box Society: The Secret Algorithms That Control Money and Information* (Cambridge, MA: Harvard University Press, 2016).

80. Erin M. Simpson, "The Peril and Promise of Big Data," *Foreign Policy*, May 15, 2014, http://foreignpolicy.com/2014/05/15/the-peril-and-promise-of-big-data/.

81. Simpson, "Peril and Promise of Big Data."

82. Mayer-Schönberger and Cukier, *Big Data*, 151.

83. Executive Office of the President, *Big Data: Seizing Opportunities, Preserving Values* (Washington, DC: U.S. Government Printing Office, 2014), 58–59.

84. Cukier and Mayer-Schoenberger, "Rise of Big Data," 37.

85. Vertzberger, *World in Their Minds*, 7; Michael I. Handel, *War, Strategy and Intelligence* (Totowa, NJ: Cass, 1989), 21.

86. Finel and Lord, "Surprising Logic of Transparency," 315–339.

87. Vertzberger, *World in Their Minds*, 1.

88. "Information Overload," *The Guardian*, January 16, 2000, https://www.the

guardian.com/theobserver/2000/jan/16/newyou.life11.

89. Robert Jervis, *The Logic of Images in International Relations* (New York: Columbia University Press, 1989), 43, 46, 63.

90. Mayer-Schönberger and Cukier, *Big Data*, 73–97.

91. Shenk, *Data Smog*, 30.

92. Vertzberger, *World in Their Minds*, 31.

93. Kenneth J. Knapp, *Cyber Security and Global Information Assurance: Threat Analysis and Response Solutions* (Hershey, PA: Information Science Reference, 2009), 155.

94. Levitin, *Organized Mind*, 6.

95. Nassim Nicholas Taleb, *The Black Swan: The Impact of the Highly Improbable*, 2nd ed. (New York: Random House, 2010), xxii.

96. Steve Ragan, "Information Overload: Finding Signals in the Noise," *CSO*, May 29, 2014, http://www.csoonline.com/article/2243744/business-continuity/information-overload-finding-signals-in-the-noise.html.

97. Vertzberger, *World in Their Minds*, 28.

98. Ibid., 8.

99. Elias Groll, "Cyber Spying Is Out, Cyber Lying Is In," *Foreign Policy*, November 20, 2015, http://foreignpolicy.com/2015/11/20/u-s-fears-hackers-will-manipulate-data-not-just-steal-it/.

100. Ibid.

101. Karl von Clausewitz, *On War*, ed. Michael Howard and Peter Paret (Princeton, NJ: Princeton University Press, 1967), 198–199.

102. Abram Shulsky, "Elements of Strategic Denial and Deception," in *Strategic Denial and Deception: The Twenty-First Century Challenge*, ed. Roy Godson and James J. Wirtz (New Brunswick, NJ: Transaction, 2002), 19.

103. Abram Shulsky and Gary Schmitt, "Intelligence Reform: Beyond the Ames Case," in *U.S. Intelligence at the Crossroads: Agendas for Reform*, ed. Roy Godson, Ernest R. May, and Gary Schmitt (Washington, DC: Brassey's, 1995), 58.

104. Timothy J. Smith, "Overlord/Bodyguard: Intelligence Failure Through Adversary Deception," *International Journal of Intelligence and CounterIntelligence* 27 (2014): 550.

105. Sanne Blauw, "Why We Know Less About Developing Countries Than We Think," *The Correspondent*, June 23, 2016, https://thecorrespondent.com/4777/why-we-know-less-about-developing-countries-than-we-think/69518314778-cbc932ad.

106. Ibid.

107. Patricia Kingoni and René Gerrets, "Morals, Morale and Motivations in Data Fabrication: Medical Research Fieldworkers Views and Practices in Two Sub-Saharan

African Contexts," *Social Science and Medicine* 166 (October 2016): 150–159.

108. Robert Mandel, *Dark Logic: Transnational Criminal Tactics and Global Security* (Stanford, CA: Stanford University Press, 2011), 91–126.

109. Blauw, "Why We Know Less About Developing Countries Than We Think."

110. Smith, "Overlord/Bodyguard," 551.

111. Ibid., 550, 564.

112. Grabo, *Anticipating Surprise*, 47, 164.

113. Robert Jervis, *Perception and Misperception in International Politics* (Princeton, NJ: Princeton University Press, 1976); Raymond S. Nickerson, "Confirmation Bias: A Ubiquitous Phenomenon in Many Guises," *Review of General Psychology* 2 (1998): 175–220.

114. See, for example, Robyn M. Dawes, "Shallow Psychology," in *Cognition and Social Behavior*, ed. J. Carroll and J. Payne (Hillsdale, NJ: Erlbaum, 1976), 7.

115. Ralph K. White, *Nobody Wanted War: Misperception in Vietnam and Other Wars* (Garden City, NY: Doubleday, 1970), chap. 8. For applications of black-and-white thinking, see T. McCartney, "American Nationalism and U.S. Foreign Policy from September 11 to the Iraq War," *Political Science Quarterly* 119 (Fall 2004): 408; Susan Page, "Poll of Several Countries Finds 'Complete Misperceptions,'" *USA Today*, June 23, 2006, p. 7; and Caspar W. Weinberger, "The Uses of Military Power," speech given to the National Press Club, Washington, DC, November 28, 1984, http://www.pbs.org/wgbh/pages/frontline/shows/military/force/weinberger.html.

116. See, for example, Jeff Victoroff, "The Mind of the Terrorist," *Journal of Conflict Resolution* 49 (February 2005): 56; Daniel Benjamin and Steven Simon, *The Next Attack: The Failure of the War on Terror and a Strategy for Getting It Right* (New York: Times Books, 2005), 74, 89; and Jerrold M. Post, "When Hatred Is Bred in the Bone: Psycho-Cultural Foundations of Contemporary Terrorism," *Political Psychology* 26 (August 2005): 628.

117. See Else Frenkel-Brunswik, "Intolerance of Ambiguity as an Emotional and Perceptual Personality Variable," *Journal of Personality* 18 (September 1949): 108–143; and Jamie Holmes, *Nonsense: The Power of Not Knowing* (New York: Crown, 2015), 11–12.

118. Stephen M. Walt, "Wishful Thinking: Top 10 Examples of the Most Unrealistic Expectations in Contemporary U.S. Foreign Policy," *Foreign Policy*, April 29, 2011, http://foreignpolicy.com/2011/04/29/wishful-thinking/.

119. Robert Mandel, "Adversaries Expectations and Desires About War Termination," in *Strategic War Termination*, ed. Stephen C. Cimbala (Westport, CT: Praeger, 1986), 177.

120. Robert Wuthnow, *Be Very Afraid: The Cultural Response to Terror, Pandemics,*

Environmental Devastation, Nuclear Annihilation, and Other Threats (New York: Oxford University Press, 2010), 217.

121. Barry Buzan, *People, States and Fear: An Agenda for International Security Studies in the Post–Cold War Era*, 2nd ed. (Boulder, CO: Rienner, 1991), 140–141. See also Lewis M. Branscomb, "Vulnerability of Critical Infrastructure in the Twenty-First Century," in *Seeds of Disaster, Roots of Response: How Private Action Can Reduce Public Vulnerability*, ed. Philip E. Auerswald, Lewis M. Branscomb, Todd M. La Porte, and Erwann O. Michel-Kerjan (Cambridge: Cambridge University Press, 2006), 20.

122. Robert A. LeVine and Donald T. Campbell, *Ethnocentrism: Theories of Conflict, Ethnic Attitudes, and Group Behavior* (New York: Wiley, 1972), 212–223.

123. See Sam Keen, *Faces of the Enemy: Reflections of the Hostile Imagination* (New York: Harper and Row, 1986), 17; Jerome D. Frank and Andrei Y. Melville, "The Image of the Enemy and the Process of Change," in *Breakthrough—Emerging New Thinking: Soviet and Western Challenges Issue a Challenge to Build a World Beyond War*, ed. Anatoly Gromyko and Martin Hellman (New York: Walker, 1988), 199; and Katja M. Flückiger, "Xenophobia, Media Stereotyping, and Their Role in Global Insecurity," Geneva Centre for Security Policy Brief 21, December 6, 2006, https://www.files.ethz.ch/isn/92736/Brief-21.pdf.

124. Alison E. Smith, Lee Jussim, Jacquelynne Eccles, Michelle VanNoy, Stephanie Madon, and Polly Palumbo, "Self-Fulfilling Prophecies, Perceptual Biases, and Accuracy at the Individual and Group Levels," *Journal of Experimental Social Psychology* 34 (1998): 530–562.

125. Jervis, *Perception and Misperception in International Politics*, chap. 4.

126. Keren Yarhi-Milo, "Eye of the Beholder: How Leaders and Intelligence Communities Assess the Intentions of Adversaries," *International Security* 38 (Summer 2013): 9.

127. Arthur Gladstone, "The Conception of the Enemy," *Journal of Conflict Resolution* 3 (June 1959): 133.

128. LeVine and Campbell, *Ethnocentrism*, 212–223.

129. Philip E. Tetlock, "Social Psychology and World Politics," in *Handbook of Social Psychology*, 4th ed., ed. D. Gilbert, S. T. Fiske, and G. Lindsay (New York: McGraw-Hill, 2006), 868–914.

130. White, *Nobody Wanted War*, 303–305.

131. Oettinger, "Whence and Whither Intelligence, Command and Control?," 5.

132. Heuer, *Psychology of Intelligence Analysis*, xx.

133. Vertzberger, *World in Their Minds*, 111–113.

134. Jervis, *Perception and Misperception in International Politics*.

135. Irving L. Janis, *Groupthink* (New York: Free Press, 1982).

136. Janne E. Nolan and Douglas MacEachin, *Discourse, Dissent, and Strategic Surprise: Formulating U.S. Security Policy in an Age of Uncertainty* (Washington, DC: Georgetown University Institute for the Study of Diplomacy, 2006), 1, 2.

137. Bart Whaley, "Conditions Making for Success and Failure of Denial and Deception: Authoritarian and Transition Regimes," in *Strategic Denial and Deception: The Twenty-First Century Challenge*, ed. Roy Godson and James J. Wirtz (New Brunswick, NJ: Transaction, 2002), 78.

138. Klaus Knorr, "Threat Perception," in *Historical Dimensions of National Security Problems*, ed. Klaus Knorr (Lawrence: University Press of Kansas, 1976), 113.

139. See, for example, Morton Halperin, *Bureaucratic Politics and Foreign Policy* (Washington, DC: Brookings Institution, 1974).

140. Arie W. Kruglanski, Donna M. Webster, and Adena Klem, "Motivated Resistance and Openness to Persuasion in the Presence or Absence of Prior Information," *Journal of Personality and Social Psychology* 65 (1993): 861–876; Arie W. Kruglanski and Donna M. Webster, "Individual Differences in Need for Cognitive Closure," *Journal of Personality and Social Psychology* 67 (1994): 1049–1062.

141. Harold Wilensky, *Organizational Intelligence* (New York: Basic Books, 1967), 42–62, 126, 179; Richard K. Betts, "Analysis, War and Decision: Why Intelligence Failures Are Inevitable," *World Politics* 31 (October 1978): 67–68.

142. James J. Wirtz, "The Intelligence Paradigm," *Intelligence and National Security* 4 (October 1989): 829–837.

143. Herbert A. Simon, "Rational Choice and the Structure of the Environment," *Psychological Review* 63 (1966): 129–138.

144. Charles E. Parker and Eric K. Stern, "Bolt from the Blue or Avoidable Failure? Revisiting September 11 and the Origins of Strategic Surprise," *Foreign Policy Analysis* 1 (November 2005): 309.

145. Nolan and MacEachin, *Discourse, Dissent, and Strategic Surprise*, 2.

146. Grabo, *Anticipating Surprise*, 12.

147. Parker and Stern, "Bolt from the Blue or Avoidable Failure?," 310.

148. See Samuel Huntington, *The Clash of Civilizations and the Remaking of World Order* (New York: Simon and Schuster, 1996).

149. Magdalena Adriana Duvenage, "Intelligence Analysis in the Knowledge Age: An Analysis of the Challenges Facing the Practice of Intelligence Analysis" (master's thesis, Stellenbosch University, 2010), 50.

150. Oikonomakis Panagiotis, "Strategic Military Deception: Prerequisites of Success in Technological Environment," Research Institute for European and American Studies Research Paper No. 171, 2016, p. 26.

151. Heuer, *Psychology of Intelligence Analysis*, 70.

152. Grabo, *Anticipating Surprise*, iii.

153. Roy Godson and James J. Wirtz, "Strategic Denial and Deception," *International Journal of Intelligence and CounterIntelligence* 13 (2000): 426.

154. Heuer, *Psychology of Intelligence Analysis*, 34.

155. Ibid., 181.

156. This section draws heavily from Robert Mandel, *Deadly Transfers and the Global Playground: Transnational Security Threats in a Disorderly World* (Westport, CT: Praeger, 1999).

157. Max G. Manwaring and Courtney E. Prisk, "The Umbrella of Legitimacy," in *Gray Area Phenomena: Confronting the New World Disorder*, ed. Max G. Manwaring (Boulder, CO: Westview, 1993).

158. Zeev Maoz, *Paradoxes of War* (Boston: Unwin Hyman, 1990), 327.

159. Mikhail A. Alexseev, *Without Warning: Threat Assessment, Intelligence, and Global Struggle* (New York: St. Martin's, 1997), 262.

第二章　全球战略操纵

1. Lani Kass and J. Phillip London, "Surprise, Deception, Denial and Warning: Strategic Imperatives," *Orbis* 57 (Winter 2013): 59.

2. Ibid., 65.

3. See Robert Jervis, *The Logic of Images in International Relations* (New York: Columbia University Press, 1989).

4. Abram Shulsky, "Elements of Strategic Denial and Deception," in *Strategic Denial and Deception: The Twenty-First Century Challenge*, ed. Roy Godson and James J. Wirtz (New Brunswick, NJ: Transaction, 2002), 17. For more on the "deeply strategic character of public communication," see Piotr Cap, *The Language of Fear: Communicating Threat in Public Discourse* (London: Palgrave Macmillan, 2017), 81.

5. Jamie Holmes, *Nonsense: The Power of Not Knowing* (New York: Crown, 2015), 9.

6. Yaacov Y. I. Vertzberger, *The World in Their Minds: Information Processing, Cognition, and Perception in Foreign Policy Decisionmaking* (Stanford, CA: Stanford University Press, 1990), 32.

7. Donald C. Daniel and Katherine L. Herbig, "Propositions on Military Deception," in *Strategic Military Deception*, ed. Donald C. Daniel and Katherine L. Herbig (Elmsford, NY: Pergamon, 1981), 3.

8. Roy Godson and James J. Wirtz, "Strategic Denial and Deception," *International Journal of Intelligence and CounterIntelligence* 13 (2000): 424.

9. Kass and London, "Surprise, Deception, Denial and Warning," 61, 68.

(New Brunswick, NJ: Transaction, 2002), 17. For more on the "deeply strategic character of public communication," see Piotr Cap, *The Language of Fear: Communicating Threat in Public Discourse* (London: Palgrave Macmillan, 2017), 81.

5. Jamie Holmes, *Nonsense: The Power of Not Knowing* (New York: Crown, 2015), 9.

6. Yaacov Y. I. Vertzberger, *The World in Their Minds: Information Processing, Cognition, and Perception in Foreign Policy Decisionmaking* (Stanford, CA: Stanford University Press, 1990), 32.

7. Donald C. Daniel and Katherine L. Herbig, "Propositions on Military Deception," in *Strategic Military Deception*, ed. Donald C. Daniel and Katherine L. Herbig (Elmsford, NY: Pergamon, 1981), 3.

8. Roy Godson and James J. Wirtz, "Strategic Denial and Deception," *International Journal of Intelligence and CounterIntelligence* 13 (2000): 424.

9. Kass and London, "Surprise, Deception, Denial and Warning," 61, 68.

10. Robert Mandel, *Optimizing Cyberdeterrence: A Comprehensive Strategy for Preventing Foreign Cyberattacks* (Washington, DC: Georgetown University Press, 2017), 196.

11. Kenneth Allen Cogswell, "Effects of Stress and Information Overload on Meaning Formation" (master's thesis, University of Montana, 1985), 2–3, http://scholarworks.umt.edu/cgi/viewcontent.cgi?article=5937&context=etd.

12. Magda Osman, "How Rational Is Deception?" July 2001, https://core.ac.uk/download/pdf/30694870.pdf.

13. M. R. D. Foot, "Conditions Making for Success and Failure of Denial and Deception: Democratic Regimes," in *Strategic Denial and Deception: The Twenty-First Century Challenge*, ed. Roy Godson and James J. Wirtz (New Brunswick, NJ: Transaction, 2002), 122.

14. Kass and London, "Surprise, Deception, Denial and Warning," 75.

15. Michael Webb, *Creating a New Reality: Information Age Effects on the Deception Process* (Maxwell Air Force Base, Alabama: Air University School of Advanced Air and Space Studies, June 2006), 1.

16. Vertzberger, *World in Their Minds*, 31.

17. Richard K. Betts, "Analysis, War and Decision: Why Intelligence Failures Are Inevitable," *World Politics* 31 (October 1978): 69 (emphasis in original).

18. Ibid., 70.

19. Vertzberger, *World in Their Minds*, 215.

20. Cynthia M. Grabo, *Anticipating Surprise: Analysis for Strategic Warning* (Bethesda, MD: Center for Strategic Intelligence Research at the Joint Military Intelligence College, 2002), 46.

21. Betts, "Analysis, War and Decision," 70.

22. Grabo, *Anticipating Surprise*, 45.

23. Ellen Nakashima, "To Thwart Hackers, Firms Salting Their Servers with Fake Data," *Washington Post*, January 2, 2013, http://articles.washingtonpost.com/2013-01-02/world/36211654_1_hackers-servers-contract-negotiations.

24. Amos Perlmutter and John Gooch, "Introduction," in *Military Deception and Strategic Surprise*, ed. John Gooch and Amos Perlmutter (Totawa, NJ: Cass, 1982), 1.

25. Webb, *Creating a New Reality*, 72.

26. Ibid., 50. See also Godson and Wirtz, "Strategic Denial and Deception," 431.

27. Eliot Cohen, "A Tale of Two Secretaries," *Foreign Affairs* 81 (May–June 2002): 42.

28. Kelvin Fu Wen Hao, "Globalisation and Its Impact on Military Intelligence," *Pointer: Journal of the Singapore Armed Forces* 41 (2015): 4.

29. Ephraim Kam, *Surprise Attack: The Victim's Perspective* (Cambridge, MA: Harvard University Press, 1988), 53.

30. Ibid., 54, 55.

31. Ibid., 37–38.

32. Janne E. Nolan and Douglas MacEachin, *Discourse, Dissent, and Strategic Surprise: Formulating U.S. Security Policy in an Age of Uncertainty* (Washington, DC: Georgetown University Institute for the Study of Diplomacy, 2006), 2.

33. Barry R. Schneider, "Deterring International Rivals from War and Escalation," in *Know Thy Enemy: Profiles of Adversary Leaders and Their Strategic Cultures*, ed. Barry R. Schneider and Jerrold M. Post (Maxwell Air Force Base, AL: United States Air Force Counterproliferation Center, 2003), 1.

34. Barton Whaley, "Stratagem: Deception and Surprise in War" (unpublished manuscript, Massachusetts Institute of Technology, Center for International Studies, 1969), 135.

35. Oikonomakis Panagiotis, "Strategic Military Deception: Prerequisites of Success in Technological Environment," Research Institute for European and American Studies Research Paper No. 171, 2016, p. 23.

36. Joint Chiefs of Staff, "Military Deception," Joint Publication 3-13.4, July 13, 2006, p. I-3.

37. For discussion of offensive vs. defensive preparations, see Grabo, *Anticipating Surprise*, 73–74.

38. Jervis, *Logic of Images in International Relations*, 123.

39. Florian P. Kühn, "Post-Interventionist *Zeitgeist*: The Ambiguity of Security Policy," in *The Armed Forces: Towards a Post-Interventionist Era?*, ed. Gerhard Kümmel and Bastian Giegerich (New York: Springer, 2013), 22.

40. Vertzberger, *World in Their Minds*, 343.

41. Perlmutter and Gooch, "Introduction," 1.

42. Richard K. Betts, *Surprise Attack: Lessons for Defense Planning* (Washington, DC: Brookings Institution, 1982), 109.

43. Michael I. Handel, "Intelligence and Deception," in *Military Deception and Strategic Surprise*, ed. John Gooch and Amos Perlmutter (Totawa, NJ: Cass, 1982), 124.

44. Jack Davis, "Strategic Warning: If Surprise Is Inevitable, What Role for Analysis?" *Kent Center Occasional Papers* 2, no. 1 (2003): 3.

45. Ibid.

46. Steve Chan, "The Intelligence of Stupidity: Understanding Failures in Strategic Warning," *American Political Science Review* 73 (March 1979): 173.

47. Betts, "Analysis, War and Decision," 70.

48. Jervis, *Logic of Images in International Relations*, 123.

49. Michael I. Handel, *Perception, Deception and Surprise: The Case of the Yom Kippur War* (Jerusalem: Leonard Davis Institute, 1976), 15.

50. Kass and London, "Surprise, Deception, Denial and Warning," 61, 68.

51. Betts, *Surprise Attack*, 2.

52. Ibid., 1.

53. Webb, *Creating a New Reality*, 71–72.

54. Robert Mandel, *Irrationality in International Confrontation* (Westport, CT: Greenwood, 1987), 4–6, 104, 105, 109.

55. Timothy J. Smith, "Overlord/Bodyguard: Intelligence Failure Through Adversary Deception," *International Journal of Intelligence and CounterIntelligence* 27 (2014): 564.

56. Richards J. Heuer, *Psychology of Intelligence Analysis* (Washington, DC: Central Intelligence Agency Center for the Study of Intelligence, 1999), 115.

57. Robert Jervis, *Perception and Misperception in International Politics* (Princeton, NJ: Princeton University Press, 1976), 135–137.

58. Ibid., 34–36.

59. Jervis, *Logic of Images in International Relations*, 115–116.

60. William Flavin, "Planning for Conflict Termination and Post-conflict Success," *Parameters* 32 (Autumn 2003): 97–98.

61. Shulsky, "Elements of Strategic Denial and Deception," 34.

62. Osman, "How Rational Is Deception?"

63. Handel, "Intelligence and Deception," 124–126.

64. Daniel and Herbig, "Propositions on Military Deception," 21–24.

65. Grabo, *Anticipating Surprise*, 122.

66. Godson and Wirtz, "Strategic Denial and Deception," 424.

67. Ibid., 425.

68. Grabo, *Anticipating Surprise*, 119.

69. Mandel, *Optimizing Cyberdeterrence*, 55–56.

70. Handel, "Intelligence and Deception," 139.

71. Thomas C. Schelling, "Foreword," in Rebecca Wohlstetter, *Pearl Harbor: Warning and Decision* (Stanford, CA: Stanford University Press, 1962), viii.

72. Grabo, *Anticipating Surprise*, 109.

73. Betts, *Surprise Attack*, 3.

74. Ibid., ix.

75. Robert Mandel, *Coercing Compliance: State-Initiated Brute Force in Today's World* (Stanford, CA: Stanford University Press, 2015), 5.

76. Stephen M. Walt, "Are Surprise Attacks a Thing of the Past?" *Foreign Policy*, March 8, 2012, http://foreignpolicy.com/2012/03/08/are-surprise-attacks-a-thing-of-the-past/.

77. Ibid.

78. Michael I. Handel, "Intelligence and the Problem of Strategic Surprise," *Journal of Strategic Studies* 7 (1984): 233.

79. Robert Mandel, *Deadly Transfers and the Global Playground: Transnational Security Threats in a Disorderly World* (Westport, CT: Praeger, 1999), 111–112.

80. Ibid., 112.

81. See, for example, Mandel, *Optimizing Cyberdeterrence*, 203.

82. Bart Whaley and Jeffrey Busby, "Detecting Deception: Practice, Practitioners, and Theory," in *Strategic Denial and Deception: The Twenty-First Century Challenge*, ed. Roy Godson and James J. Wirtz (New Brunswick, NJ: Transaction, 2002), 201.

83. Kenneth Geers, *Strategic Cyber Security* (Tallinn, Estonia: NATO Cooperative Cyber Defence Centre of Excellence, 2011), 100.

84. Irving Lachow, *Active Cyber Defense: A Framework for Policy Makers* (Washington, DC: Center for a New American Security, 2013), 6.

85. Martin Libicki, "Pulling Punches in Cyberspace," in *Proceedings of a Workshop on Deterring CyberAttacks: Informing Strategies and Developing Options for U.S. Policy*, ed. National Research Council (Washington, DC: National Academies Press, 2010), 125.

86. Martin Libicki, *Cyberdeterrence and Cyberwar* (Santa Monica, CA: Rand, 2009), 172.

87. Grabo, *Anticipating Surprise*, 129.

88. Ibid.

89. Alberto R. Coll, "Unconventional Warfare, Liberal Democracies, and International Order," *International Law Studies* 67 (1992): 17.

90. Godson and Wirtz, "Strategic Denial and Deception," 429.

91. Foot, "Conditions Making for Success and Failure of Denial and Deception," 116–117.

92. Godson and Wirtz, "Strategic Denial and Deception," 427.

93. J. Bowyer Bell, "Conditions Making for Success and Failure of Denial and Deception: Nonstate and Illicit Actors," in *Strategic Denial and Deception: The Twenty-First Century Challenge*, ed. Roy Godson and James J. Wirtz (New Brunswick, NJ: Transaction, 2002), 129.

94. Hao, "Globalisation and Its Impact on Military Intelligence," 6.

95. Nolan and MacEachin, *Discourse, Dissent, and Strategic Surprise*, 1.

96. Betts, *Surprise Attack*, 16–17.

97. Robert Mandel, "On Estimating Post–Cold War Enemy Intentions," *Intelligence and National Security* 24 (April 2009): 194–215.

98. Nolan and MacEachin, *Discourse, Dissent, and Strategic Surprise*, 2.

99. Vertzberger, *World in Their Minds*, 385.

100. Mandel, *Irrationality in International Confrontation*, 104, 105, 111.

101. Jervis, *Logic of Images in International Relations*, 130–131.

102. Arnold Wolfers, "'National Security' as an Ambiguous Symbol," *Political Science Quarterly* 67 (December 1952): 481. See also Robert Mandel, "What Are We Protecting?" *Armed Forces and Society* 22 (Spring 1996): 335–355.

103. Jervis, *Perception and Misperception in International Politics*, chap. 4.

104. Chan, "Intelligence of Stupidity," 172.

105. Mandel, *Deadly Transfers and the Global Playground*, 109.

106. Robert Mandel, *Global Security Upheaval: Armed Nonstate Groups Usurping State Stability Functions* (Stanford, CA: Stanford University Press, 2013), 189.

107. Lawrence Freedman, "Order and Disorder in the New World," *Foreign Affairs* 71 (1991–1992): 30.

108. Hong Kian Wah, "Irregular Warfare," *Pointer: Journal of the Singapore Armed Forces* 26 (2000), previously available at http://www.mindef.gov.sg/safti/pointer/back/journals/2000/Vol26_3/7.htm.

109. Robert Mandel, *Dark Logic: Transnational Criminal Tactics and Global Security* (Stanford, CA: Stanford University Press, 2011), 157.

110. Erik Gartzke and Jon R. Lindsay, "Weaving Tangled Webs: Offense, Defense, and Deception in Cyberspace," *Security Studies* 24 (2015): 338–339; Nakashima, "To Thwart Hackers."

111. Erping Zhang, "SARS: Unmasking Censorship in China," Association for Asian Research, August 11, 2003, http://www.asianresearch.org/articles/1502.html.

112. Andrew J. Bacevich, Max Boot, Michael Ignatieff, Michael O'Hanlon, and Jona-

than Masters, "Was the Iraq War Worth It?" Council on Foreign Relations, December 15, 2011, http://www.cfr.org/iraq/iraq-war-worth-/p26820.

113. Vertzberger, *World in Their Minds*, 29.

114. Mandel, *Optimizing Cyberdeterrence*, 241.

115. James J. Wirtz, "Theory of Surprise," in *Paradoxes of Strategic Intelligence: Essays in Honor of Michael I. Handel*, ed. Richard K. Betts and Thomas G. Mahnken (Portland, OR: Cass, 2003), 109–110.

116. Jervis, *Logic of Images in International Relations*, 123.

117. Grabo, *Anticipating Surprise*, 129.

118. Steven Metz and Raymond A. Millen, "Future War/Future Battlespace: The Strategic Role of American Landpower" (monograph, U.S. Army War College Strategic Studies Institute, 2003), 18.

119. Geoffrey Barker, "Strategic Ambiguity," *The Strategist*, October 20, 2015, https://www.aspistrategist.org.au/strategic-ambiguity/.

120. Robert Mandel, *Global Threat: Target-Centered Assessment and Management* (Westport, CT: Praeger Security International, 2008), 64.

121. Joseph S. Nye Jr., *Cyber Power* (Cambridge, MA: Belfer Center for Science and International Affairs, 2010), 5; Benjamin Brake, "Strategic Risks of Ambiguity in Cyberspace," Council on Foreign Relations Contingency Planning Memorandum No. 24, May 14, 2015, https://www.cfr.org/report/strategic-risks-ambiguity-cyberspace.

122. For a discussion of the tensions surrounding false transparency, see Harry Farrell and Martha Finnemore, "The End of Hypocrisy: American Foreign Policy in the Age of Leaks," *Foreign Affairs* 92 (November–December 2013): 21.

123. Foot, "Conditions Making for Success and Failure of Denial and Deception," 127.

124. Whaley and Busby, "Detecting Deception," 185.

125. Grabo, *Anticipating Surprise*, 121.

126. Handel, "Intelligence and Deception," 122.

127. Ibid.

128. Handel, "Intelligence and the Problem of Strategic Surprise," 229–230.

129. Richard N. Haass, *Intervention: The Use of American Military Force in the Post-Cold War World* (Washington, DC: Carnegie Endowment for International Peace, 1994), 89.

第三章 全球数据冲击案例研究

1. Quinta Jurecic, "Trump Administration Releases 'Briefing Issues' on Foreign Policy and Security," *Lawfare*, January 20, 2017, https://www.lawfareblog.com/trump-administration-releases-briefing-issues-foreign-policy-and-security.

2. William Roberts, "Decoding Donald Trump's Foreign Policy," *Al Jazeera*, June 5, 2017, http://www.aljazeera.com/news/2017/06/decoding-donald-trumps-foreign-policy-170605220035165.html.

3. Jurecic, "Trump Administration Releases 'Briefing Issues.'"

4. Ibid.

5. Stephen Sestanovich, "The Brilliant Incoherence of Trump's Foreign Policy," *The Atlantic*, May 2017, https://www.theatlantic.com/magazine/archive/2017/05/the-brilliant-incoherence-of-trumps-foreign-policy/521430/.

6. Dani Nedal and Daniel Nexon, "Trump's 'Madman Theory' Isn't Strategic Unpredictability: It's Just Crazy," *Foreign Policy*, April 18, 2017, http://foreignpolicy.com/2017/04/18/trumps-madman-theory-isnt-strategic-unpredictability-its-just-crazy/.

7. Timothy P. Carney, "Strategic Ambiguity and Peace Through Strength: A Hopeful Interpretation of Trump on Syria," *Washington Examiner*, April 11, 2017, http://www.washingtonexaminer.com/strategic-ambiguity-and-peace-through-strength-a-hopeful-interpretation-of-trump-on-syria/article/2620035.

8. Kevin Sullivan and Karen Tumulty, "Trump Promised an 'Unpredictable' Foreign Policy: To Allies, It Looks Incoherent," *Washington Post*, April 11, 2017, https://www.washingtonpost.com/politics/trump-promised-an-unpredictable-foreign-policy-to-allies-it-looks-incoherent/2017/04/11/21acde5e-1a3d-11e7-9887-1a5314b56a08_story.html.

9. "Fake News," *60 Minutes*, March 26, 2017, https://www.cbsnews.com/video/the-attack-in-garland-fake-news-chess-country.

10. Wright, "Trump's 19th Century Foreign Policy."

11. Van Jackson, "Reading Trump: The Danger of Overanalyzing His Tweets," *Foreign Affairs*, January 25, 2017, https://www.foreignaffairs.com/articles/2017-01-25/reading-trump.

12. Ibid.

13. Wright, "Trump's 19th Century Foreign Policy."

14. Catherine Rampell, "Trump's Unpredictability May Be Useful Against Enemies, but It's Deadly to Allies," *Washington Post*, July 25, 2016, https://www.washingtonpost.com/opinions/trumps-unpredictability-may-be-useful-against-enemies-but-its-deadly-to-allies/2016/07/25/37019d86-52a0-11e6-88eb-7dda4e2f2aec_story.html.

15. Julie Pace, "Trump's Ambiguity on Foreign Policy a High-Risk Doctrine for President," Talking Points Memo, December 23, 2016, http://talkingpointsmemo.com/news/trump-ambiguity-foreign-policy-high-risk-doctrine.

16. Ibid.

17. Andy Keiser, "100 Days in, Trump's Foreign Policy Plays the Strategic Ambigu-

ity Game," *The Hill*, April 28, 2017, http://thehill.com/blogs/pundits-blog/foreign-policy/331019-100-days-in-trumps-foreign-policy-plays-the-strategic.

18. David Ignatius, "Trump Uses Ambiguity in Foreign Policy," *Newsmax*, December 21, 2016, http://www.newsmax.com/DavidIgnatius/trump-china-russia-policy/2016/12/21/id/765011/.

19. Nedal and Nexon, "Trump's 'Madman Theory' Isn't Strategic Unpredictability."

20. Anne R. Pierce, "A Promising Start: President Trump's Foreign Policy Team Deserves Credit for Its Work on China and North Korea," *US News and World Report*, April 28, 2017, https://www.usnews.com/opinion/articles/2017-04-28/donald-trumps-foreign-policy-is-off-to-a-good-start.

21. Charles Krauthammer, "Trump's Great Reversal—for Now," *National Review*, April 14, 2017, http://www.nationalreview.com/article/446732/trump-foreign-policy-unpredictable-idiosyncratic.

22. Guy Taylor and Dan Boylan, "Trump's Unconventional Foreign Policy Makes Consequential Impact in First 100 Days," *Washington Times*, April 27, 2017, http://www.washingtontimes.com/news/2017/apr/27/donald-trumps-foreign-policy-makes-impact/.

23. Richard N. Haass, "Where to Go from Here: Rebooting American Foreign Policy," *Foreign Affairs* 96 (July–August 2017): 8.

24. Ignatius, "Trump Uses Ambiguity in Foreign Policy."

25. Rampell, "Trump's Unpredictability May be Useful Against Enemies."

26. Nedal and Nexon, "Trump's 'Madman Theory' Isn't Strategic Unpredictability."

27. Michael Young, "Obama Was Bad for the Middle East, but Trump's Ambiguity Is Worrisome," *The National*, July 26, 2017, https://www.thenational.ae/opinion/comment/obama-was-bad-for-the-middle-east-but-trump-s-ambiguity-is-worrisome-1.614416.

28. Ross Douthat, "The Fog of Trump," *New York Times*, January 28, 2017, https://www.nytimes.com/2017/01/28/opinion/sunday/the-fog-of-trump.html.

29. Nedal and Nexon, "Trump's 'Madman Theory' Isn't Strategic Unpredictability."

30. Joe Schneider, "How Trump's White House Is Upping Its War on Leaks," *Bloomberg Businessweek*, July 27, 2017, https://www.bloomberg.com/news/articles/2017-07-27/how-trump-white-house-is-upping-its-war-on-leaks-quicktake-q-a.

31. Michael H. Fuchs, "Donald Trump's Doctrine of Unpredictability Has the World on Edge," *The Guardian*, February 13, 2017, https://www.theguardian.com/commentisfree/2017/feb/13/donald-trumps-doctrine-unpredictability-world-edge.

32. Thrush and Landler, "Bold, Unpredictable Foreign Policy Lifts Trump."

33. Nedal and Nexon, "Trump's 'Madman Theory' Isn't Strategic Unpredictability."

34. Ibid.

35. Sullivan and Tumulty, "Trump Promised an 'Unpredictable' Foreign Policy."

36. Ibid.

37. Ibid.

38. Ibid.

39. Wright, "Trump's 19th Century Foreign Policy."

40. Jackson, "Reading Trump."

41. Andre van Loon, "From a Bang to a Whisper: The Decline in Brexit-Related Discussion on Social Media," London School of Economics and Political Science, October 31, 2016, http://blogs.lse.ac.uk/brexit/2016/10/31/from-a-bang-to-a-whisper-the-decline-in-brexit-related-discussion-on-social-media.

42. Oliver Daddow, "Delusions and Meddling: 30 Years of Tory Euroscepticism Are Coming to the Fore," London School of Economics and Political Science, May 9, 2017, http://blogs.lse.ac.uk/brexit/2017/05/09/delusions-and-meddling-30-years-of-tory-euroscepticism-are-coming-to-the-fore/.

43. Craig Oliver, *Unleashing Demons: The Inside Story of Brexit* (London: Hodder and Stoughton, 2016), 9.

44. Timothy Heppell, Andrew Crines, and David Jeffery, "The United Kingdom Referendum on European Union Membership: The Voting of Conservative Parliamentarians," *Journal of Common Market Studies*, 55 (2017): 768.

45. Ashley Kirk, "EU Referendum: The Claims That Won It for Brexit, Fact Checked," *The Telegraph*, March 13, 2017, http://www.telegraph.co.uk/news/0/eu-referendum-claims-won-brexit-fact-checked/.

46. Will Brett, "The People Have Spoken—or Have They? Doing Referendums Differently After the EU Vote," London School of Economics and Political Science, September 1, 2016, http://blogs.lse.ac.uk/brexit/2016/09/01/the-people-have-spoken-or-have-they-doing-referendums-differently-after-the-eu-vote/.

47. British Polling Council, "Performance of the Polls in the EU Referendum," June 24, 2016, http://www.britishpollingcouncil.org/performance-of-the-polls-in-the-eu-referendum/

48. Brett, "People Have Spoken."

49. Oliver, *Unleashing Demons*, 10.

50. Martin Moore and Gordon Ramsay, "Acrimonious and Divisive: The Role the Media Played in Brexit," London School of Economics and Political Science, May 16, 2017, http://blogs.lse.ac.uk/brexit/2017/05/16/acrimonious-and-divisive-the-role-the-media-played-in-brexit/.

51. Ibid.

52. Daddow, "Delusions and Meddling."

53. Van Loon, "From a Bang to a Whisper."

54. Moore and Ramsay, "Acrimonious and Divisive."

55. Van Loon, "From a Bang to a Whisper."

56. Moore and Ramsay, "Acrimonious and Divisive."

57. Ibid.

58. Piotr Cap, *The Language of Fear: Communicating Threat in Public Discourse* (London: Palgrave Macmillan, 2017), 67.

59. Moore and Ramsay. "Acrimonious and Divisive."

60. Kirk, "EU Referendum."

61. Peter Marshall, "Britain Is Fit for Triggering," *Round Table* 106 (2017): 212.

62. Heppell, Crines, and Jeffery, "United Kingdom Referendum on European Union Membership," 767.

63. Oliver, *Unleashing Demons*, 403.

64. See Andrew Glencross, *Why the UK Voted for Brexit: David Cameron's Great Miscalculation* (London: Palgrave Macmillan, 2016).

65. Heppell, Crines, and Jeffery, "United Kingdom Referendum on European Union Membership," 776.

66. Oliver, *Unleashing Demons*, 11.

67. Jakub Grygiel, "The Return of Europe's Nation-States: The Upside to the EU's Crisis," *Foreign Affairs* 95 (2016): 97.

68. Ibid., 98.

69. Harold James, "Brexit Fudge," Project Syndicate, August 2, 2016, https://www.project-syndicate.org/commentary/uk-post-brexit-relationship-eu-by-harold-james-2016-08.

70. Ibid.

71. Ibid.

72. Marshall, "Britain Is Fit for Triggering," 211.

73. Grygiel, "Return of Europe's Nation-States," 94.

74. Ibid., 95.

75. Richard Ekins, "The Legitimacy of the Brexit Referendum," UK Constitutional Law Association, June 29, 2016, https://ukconstitutionallaw.org/2016/06/29/richard-ekins-the-legitimacy-of-the-brexit-referendum/.

76. Ibid.

77. Davina Cooper, "Thinking Harder: How We Could Do Referendums Differently," London School of Economics and Political Science, November 18, 2016, http://blogs.lse.ac.uk/brexit/2016/11/18/thinking-harder-how-we-could-do-referendums-differently/.

78. "Legitimacy of the Brexit Referendum," *The Guardian*, July 12, 2016, https://www.theguardian.com/politics/2016/jul/12/legitimacy-of-the-brexit-referendum.

79. Moore and Ramsay. "Acrimonious and Divisive."

80. Ibid.

81. Daddow, "Delusions and Meddling."

82. Moore and Ramsay, "Acrimonious and Divisive."

83. Daddow, "Delusions and Meddling."

84. Grygiel, "Return of Europe's Nation-States," 94.

85. James, "Brexit Fudge."

86. Oliver, *Unleashing Demons*, 404.

87. Liesbeth Van der Heide, "Cherry-Picked Intelligence: The Weapons of Mass Destruction Dispositive as a Legitimation for National Security in the Post 9/11 Age," *Historical Social Research* 38 (2013): 286.

88. Ibid., 287.

89. Ibid.

90. Marcus Warren, "Don't Mess with Us, UN Warns Saddam," *The Telegraph*, November 16, 2002, http://www.telegraph.co.uk/news/worldnews/northamerica/usa/1413384/Dont-mess-with-us-UN-warns-Saddam.html.

91. Will Knight, "UN Weapons Inspectors Told to Leave Iraq," *New Scientist*, March 17, 2003, http://www.newscientist.com/article/dn3509-un-weapons-inspectors told-to-leave-iraq.html.

92. Van der Heide, "Cherry-Picked Intelligence," 286.

93. Kurt Eichenwald, "The War on Error," *Newsweek Global*, July 29, 2016, p. 12.

94. Kenneth M. Pollack, "Spies, Lies, and Weapons: What Went Wrong," *The Atlantic*, January–February 2004, https://www.theatlantic.com/magazine/archive/2004/01/spies-lies-and-weapons-what-went-wrong/302878.

95. Van der Heide, "Cherry-Picked Intelligence," 290.

96. Ibid.

97. Charles A. Duelfer and Stephen Benedict Dyson, "Chronic Misperception and International Conflict: The U.S.-Iraq Experience," *International Security* 36 (Summer 2011): 97.

98. Mark Strauss, "Attacking Iraq," *Foreign Policy*, no. 129 (March–April 2002): 16.

99. Duelfer and Dyson, "Chronic Misperception and International Conflict," 98.

100. Evan Thomas and Karen Breslau, "Saddam's Dark Threat," *Newsweek*, November 24, 1997, p. 24.

101. Van der Heide, "Cherry-Picked Intelligence," 290.

102. John Schwarz, "Twelve Years Later, US Media Still Can't Get Iraqi WMD Story

Right," *The Intercept*, April 10, 2015, https://theintercept.com/2015/04/10/twelve-years-later-u-s-media-still-cant-get-iraqi-wmd-story-right/.

103. "'No Surprise' Iraq WMD Not Found," *BBC News*, October 3, 2003, http://news.bbc.co.uk/2/hi/americas/3160602.stm.

104. Ibid.

105. Bryan, "Iraq WMD Timeline: How the Mystery Unraveled."

106. "'No Surprise' Iraq WMD Not Found."

107. Van der Heide, "Cherry-Picked Intelligence," 293.

108. Pollack, "Spies, Lies, and Weapons."

109. Van der Heide, "Cherry-Picked Intelligence," 288.

110. Duelfer and Dyson, "Chronic Misperception and International Conflict," 78.

111. Ibid., 99.

112. Michael Eisenstadt, "Understanding Saddam," *National Interest*, no. 81 (2005): 119.

113. Duelfer and Dyson, "Chronic Misperception and International Conflict," 73.

114. Eisenstadt, "Understanding Saddam," 118.

115. Ibid.

116. Duelfer and Dyson, "Chronic Misperception and International Conflict," 74.

117. Van der Heide, "Cherry-Picked Intelligence," 289, 299.

118. Bruce Riedel, "Lessons of the Syrian Reactor," *National Interest*, no. 125 (May–June 2013): 45.

119. Duelfer and Dyson, "Chronic Misperception and International Conflict," 97.

120. Van der Heide, "Cherry-Picked Intelligence," 299.

121. Eichenwald, "War on Error," 15.

122. Michael Duffy, "Weapons of Mass Disappearance," *Time*, June 9, 2003, p. 28.

123. "O'Neill: 'Frenzy' Distorted War Plans Account," *CNN*, January 14, 2004, http://www.cnn.com/2004/ALLPOLITICS/01/13/oneill.bush.

124. Pollack, "Spies, Lies, and Weapons."

125. Ibid.

126. Ibid. (emphasis in original).

127. Eisenstadt, "Understanding Saddam," 119.

128. Van der Heide, "Cherry-Picked Intelligence," 302.

129. Walter Pincus, "Ex-CIA Official Faults Use of Data on Iraq," *Washington Post*, February 10, 2006, http://www.washingtonpost.com/wp-dyn/content/article/2006/02/09/AR2006020902418.html.

130. Duelfer and Dyson, "Chronic Misperception and International Conflict," 74.

131. Ibid., 96.

132. Bob Drogin, "The Vanishing," *New Republic*, July 21, 2003, p. 21.

133. Ibid.

134. Eisenstadt, "Understanding Saddam," 119.

135. Pollack, "Spies, Lies, and Weapons."

136. Van der Heide, "Cherry-Picked Intelligence," 297–298.

137. Glenn Kessler, "The Pre-war Intelligence on Iraq: Wrong or Hyped by the Bush White House?" *Washington Post*, December 13, 2016, https://www.washingtonpost.com/news/fact-checker/wp/2016/12/13/the-pre-war-intelligence-on-iraq-wrong-or-hyped-by-the-bush-white-house.

138. Kathy Gannon, "Afghanistan Unbound," *Foreign Affairs* 83 (May–June 2004): 41.

139. Van der Heide, "Cherry-Picked Intelligence," 298.

140. Eichenwald, "War on Error," 17.

141. Riedel, "Lessons of the Syrian Reactor," 45.

142. "'No Surprise' Iraq WMD Not Found."

143. Van der Heide, "Cherry-Picked Intelligence," 297.

144. Pollack, "Spies, Lies, and Weapons."

145. Duffy, "Weapons of Mass Disappearance." 28.

146. Kessler, "Prewar Intelligence on Iraq."

147. Eichenwald, "War on Error," 16.

148. John Barry and Mark Hosenball, "What Went Wrong," *Newsweek*, February 9, 2004, p. 25.

149. Richard J. Samuels, *3.11: Disaster and Change in Japan* (Ithaca, NY: Cornell University Press, 2013), ix.

150. Itoko Suzuki and Yuko Kaneko, *Japan's Disaster Governance: How Was the 3.11 Crisis Managed?* (New York: Springer, 2012), 7.

151. Tom Gill, Brigitte Steger, and David H. Slater, "The 3.11 Disasters," in *Japan Copes with Calamity: Ethnographies of the Earthquake, Tsunami and Nuclear Disasters of March 2011*, ed. Tom Gill, Brigitte Steger, and David H. Slater (Oxford, UK: Lang, 2013), 5.

152. Daniel Kaufmann and Veronika Penciakova, "Japan's Triple Disaster: Governance and the Earthquake, Tsunami and Nuclear Crises," Brookings, March 16, 2011, http://www.brookings.edu/research/opinions/2011/03/16-japan-disaster-kaufmann.

153. Gill, Steger, and Slater, "3.11 Disasters," 5.

154. "Fukushima 2013: A Continuing Nuclear Disaster of Global Significance," *Truth11*, March 23, 2013, http://truth11.com/2013/03/23/fukushima2013acontinuing nucleardisasterofglobalsignificance/.

155. Kaufmann and Penciakova, "Japan's Triple Disaster."

156. Initiative for Global Environmental Leadership, "Disasters, Leadership,

and Rebuilding—Tough Lessons from Japan and the U.S.," October 2013, p. 1, http://d1c25a6gwz7q5e.cloudfront.net/reports/2013-10-01-Disasters-Leadership-Rebuilding.pdf.

157. Norimitsu Onishi and Martin Fackler, "Japanese Officials Ignored or Concealed Dangers," *New York Times*, May 16, 2011, http://www.nytimes.com/2011/05/17/world/asia/17japan.html.

158. Initiative for Global Environmental Leadership, "Disasters, Leadership, and Rebuilding," 13.

159. "Fukushima 2013."

160. Kaufmann and Penciakova, "Japan's Triple Disaster."

161. Dick K. Nanto, William H. Cooper, J. Michael Donnelly, and Renée Johnson, "Japan's 2011 Earthquake and Tsunami: Economic Effects and Implications for the United States," Congressional Research Service Report for Congress, April 6, 2011, p. 1.

162. Suzuki and Kaneko, *Japan's Disaster Governance*, 7, 9.

163. Nanto, Cooper, Donnelly, and Johnson, "Japan's 2011 Earthquake and Tsunami," 1.

164. "Fukushima 2013."

165. Gill, Steger, and Slater, "3.11 Disasters," 21.

166. Ibid., 12.

167. Mike Adams, "Fukushima Victim Exposes Japanese Government's Attempted Bizarre Brainwashing of Radiation Victims," *Natural News*, August 21, 2013, http://www.naturalnews.com/041720_Fukushima_radiation_Japanese_government_propaganda_brainwashing.html.

168. Ibid.

169. National Diet of Japan, *The Official Report of the Fukushima Nuclear Accident Independent Investigation Commission*, 19–20.

170. Kaufmann and Penciakova, "Japan's Triple Disaster."

171. Junko Yoshida, "Failed Risk Analysis That Felled Fukushima," *EE Times*, March 8, 2016, http://www.eetimes.com/document.asp?doc_id=1329126.

172. "Fukushima 2013."

173. Suzuki and Kaneko, *Japan's Disaster Governance*, 64.

174. National Diet of Japan, *Official Report of the Fukushima Nuclear Accident Independent Investigation Commission*, 18–19.

175. Kaufmann and Penciakova, "Japan's Triple Disaster."

176. Ellis Krauss, "Crisis Management, LDP, and DPJ Style," *Japanese Journal of Political Science* 14 (2013): 191. See also Jeff Kingston, "Mismanaging Risk and the Fukushima Nuclear Crisis," *Japan Focus* 10 (2012), https://apjjf.org/2012/10/12/Jeff-Kingston/

3724/article.html.

177. Initiative for Global Environmental Leadership, "Disasters, Leadership, and Rebuilding," 3.

178. Kaufmann and Penciakova, "Japan's Triple Disaster."

179. Initiative for Global Environmental Leadership, "Disasters, Leadership, and Rebuilding," 4.

180. Ibid.

181. Ibid., 5.

182. William Boardman, "Fukushima, a Global Conspiracy of Denial," *Reader Supported News*, January 3, 2014, http://readersupportednews.org/opinion2/271-38/21308-fukushima-a-global-conspiracy-of-denial.

183. Initiative for Global Environmental Leadership, "Disasters, Leadership, and Rebuilding," 5.

184. Geoff Brumfiel and Ichiko Fuyuno, "Fukushima's Legacy of Fear," *Nature* 483 (2012): 139.

185. DeMond Shondell Miller, "Public Trust in the Aftermath of Natural and Na-Technological Disasters," *International Journal of Sociology and Social Policy* 36 (2016): 420.

186. Initiative for Global Environmental Leadership, "Disasters, Leadership, and Rebuilding," 3.

187. Richard Hindmarsh, "Nuclear Disaster at Fukushima Daiichi: Introducing the Terrain," in *Nuclear Disaster at Fukushima Daiichi: Social, Political and Environmental Issues*, ed. Richard A. Hindmarsh (New York: Routledge, 2013), 6.

188. Richard Hindmarsh, "Fallout from Fukushima Daiichi: An Endnote," in *Nuclear Disaster at Fukushima Daiichi: Social, Political and Environmental Issues*, ed. Richard A. Hindmarsh (New York: Routledge, 2013), 215.

189. Initiative for Global Environmental Leadership, "Disasters, Leadership, and Rebuilding," 3.

190. Kaufmann and Penciakova, "Japan's Triple Disaster."

191. Boardman, "Fukushima, a Global Conspiracy of Denial."

192. Ibid.

193. Suzuki and Kaneko, *Japan's Disaster Governance*, 64.

194. Boardman, "Fukushima, a Global Conspiracy of Denial."

195. Linda Pentz Gunter, "No Bliss in This Ignorance: The Great Fukushima Nuclear Cover-Up," *The Ecologist*, February 20, 2016, http://www.theecologist.org/News/news_analysis/2987222/no_bliss_in_this_ignorance_the_great_fukushima_nuclear_coverup.html.

196. Robert Hunziker, "Fukushima Cover Up," *CounterPunch*, October 31, 2016,

https://www.counterpunch.org/2016/10/31/fukushima-cover-up/.

197. Krauss, "Crisis Management, LDP, and DPJ Style," 192.

198. Gill, Steger, and Slater, "3.11 Disasters," 13.

199. Jeff Kingston, "Introduction," in *Natural Disaster and Nuclear Crisis in Japan: Response and Recovery after Japan's 3/11*, ed. Jeff Kingston (New York: Routledge, 2012), 7.

200. Katherine Harmon, "Japan's Post-Fukushima Earthquake Health Woes Go Beyond Radiation Effects," *Scientific American*, March 2, 2012, p. 1.

201. Gill, Steger, and Slater, "3.11 Disasters," 21.

202. Hindmarsh, "Nuclear Disaster at Fukushima Daiichi: Introducing the Terrain," 9.

203. Edward Group, "8 Shocking Health Effects from the Fukushima Disaster," Global Healing Center, June 9, 2014, http://www.globalhealingcenter.com/natural-health/health-effects-fukushima-disaster/.

204. Samuels, *3.11: Disaster and Change in Japan*, xi.

205. Gill, Steger, and Slater, "3.11 Disasters," 13.

206. Jordan Sand, "Living with Uncertainty After March 11, 2011," *Journal of Asian Studies* 71 (2012): 315.

207. National Diet of Japan, *Official Report of the Fukushima Nuclear Accident Independent Investigation Commission*, 19.

208. Gunter, "No Bliss in This Ignorance."

209. Greenpeace International, "Fukushima Citizens Remain Highly Exposed to Radiations," June 9, 2011, http://coastalcare.org/2011/06/fukushima-citizens-remain-highly-exposed-to-radiations/.

210. "Fukushima 2013."

211. Group, "8 Shocking Health Effects from the Fukushima Disaster."

212. Suzuki and Kaneko, *Japan's Disaster Governance*, 49.

213. Yoshida, "Failed Risk Analysis That Felled Fukushima."

214. Initiative for Global Environmental Leadership, "Disasters, Leadership, and Rebuilding," 7.

215. Ibid.

216. Sand, "Living with Uncertainty After March 11, 2011," 316.

217. Initiative for Global Environmental Leadership, "Disasters, Leadership, and Rebuilding," 8.

218. Hunziker, "Fukushima Cover Up."

219. Sasakawa Peace Foundation, "The Fukushima Nuclear Accident and Crisis Management: Lessons for Japan-U.S. Alliance Cooperation," September 2012, p. 7, https://www.spf.org/jpus/img/investigation/book_fukushima.pdf.

220. Elliott Abrams, "Bombing the Syrian Reactor: The Untold Story," *Commentary*,

February 1, 2013, http://www.commentarymagazine.com/article/bombing-the-syrian-reactor-the-untold-story/.

221. Daveed Gartenstein-Ross and Joshua D. Goodman, "The Attack on Syria's al-Kibar Nuclear Facility," *InFocus*, Spring 2009, http://www.jewishpolicycenter.org/826/the-attack-on-syrias-al-kibar-nuclear-facility.

222. Leonard S. Spector and Avner Cohen, "Israel's Airstrike on Syria's Reactor: Implications for the Nonproliferation Regime," *Arms Control Today* 38 (July–August 2008): 15.

223. Spector and Cohen, "Israel's Airstrike on Syria's Reactor," 15.

224. Abrams, "Bombing the Syrian Reactor."

225. Seymour M. Hersh, "A Strike in the Dark: What Did Israel Bomb in Syria?" *New Yorker*, February 11, 2008, http://www.newyorker.com/magazine/2008/02/11/a-strike-in-the-dark.

226. "Syria Target Hit by Israel Was 'Nuclear Site,'" *Al Jazeera*, April 29, 2011, http://www.aljazeera.com/news/middleeast/2011/04/201142962917518797.html.

227. Anthony H. Cordesman, "Syrian Weapons of Mass Destruction: An Overview," Center for Strategic and International Studies, June 2, 2008, p. 3, https://www.tagesschau.de/ausland/syrien1850.pdf.

228. Ibid.,4–5.

229. Abrams, "Bombing the Syrian Reactor."

230. Ibid.

231. Ibid.

232. Hersh, "Strike in the Dark."

233. Ibid.

234. Richard Weitz, *Israeli Airstrike in Syria: International Reactions* (Monterey, CA: Monterey Institute for International Studies, 2007), 1.

235. Ibid., 1–2.

236. David E. Sanger and Mark Mazzetti, "Analysts Find Israel Struck a Syrian Nuclear Project," *New York Times*, October 14, 2007, p. A1.

237. Gartenstein-Ross and Goodman, "Attack on Syria's al-Kibar Nuclear Facility."

238. Ibid.

239. Ibid.

240. Hersh, "Strike in the Dark."

241. Abrams, "Bombing the Syrian Reactor."

242. Ibid.

243. Ibid.

244. Elliott Abrams, Eliot Cohen, Eric Edelman, and John Hannah, "The Right Call

on the Syrian Threat," *Washington Post*, September 15, 2011, http://www.washingtonpost.com/opinions/the-right-call-on-the-syrian-threat/2011/09/14/gIQAa85eVK_story.html.

245. Hersh, "Strike in the Dark."

246. Erich Follath and Holger Stark, "The Story of 'Operation Orchard': How Israel Destroyed Syria's Al Kibar Nuclear Reactor," *Spiegel Online*, November 2, 2009, http://www.spiegel.de/international/world/0,1518,658663,00.html.

247. Abrams, "Bombing the Syrian Reactor."

248. Follath and Stark, "Story of 'Operation Orchard.'"

249. Hersh, "Strike in the Dark."

250. Riedel, "Lessons of the Syrian Reactor," 41.

251. Spector and Cohen, "Israel's Airstrike on Syria's Reactor," 15.

252. Andrew Garwood-Gowers, "Israel's Airstrike on Syria's Al-Kibar Facility: A Test Case for the Doctrine of Pre-emptive Self-Defence?" *Journal of Conflict and Security Law* 16 (2011): 263.

253. Spector and Cohen, "Israel's Airstrike on Syria's Reactor," 17.

254. Garwood-Gowers, "Israel's Airstrike on Syria's Al-Kibar Facility," 263–264.

255. Spector and Cohen, "Israel's Airstrike on Syria's Reactor," 17.

256. Hersh, "Strike in the Dark."

257. Follath and Stark, "Story of 'Operation Orchard.'"

258. Ibid.

259. David Makovsky, "The Silent Strike: How Israel Bombed a Syrian Nuclear Installation and Kept It Secret," *New Yorker*, September 17, 2012, http://www.newyorker.com/magazine/2012/09/17/the-silent-strike.

260. Gartenstein-Ross and Goodman, "Attack on Syria's al-Kibar Nuclear Facility."

261. Follath and Stark, "Story of 'Operation Orchard.'"

262. Hersh, "Strike in the Dark."

263. Peter Crail, "IAEA: Syrian Reactor Explanation Suspect," *Arms Control Today* 39 (March 2009): 45.

264. Garwood-Gowers, "Israel's Airstrike on Syria's Al-Kibar Facility," 270.

265. "Syria 'Had Covert Nuclear Scheme,'" *BBC News*, April 25, 2008, http://news.bbc.co.uk/2/hi/7364269.stm.

266. Riedel, "Lessons of the Syrian Reactor," 39.

267. Abrams, "Bombing the Syrian Reactor."

268. "George W Bush 'Considered Military Strike on Syria,'" *The Telegraph*, November 5, 2010, https://www.telegraph.co.uk/news/worldnews/us-politics/8113583/George-W-Bush-considered-military-strike-on-Syria.html.

269. Hersh, "Strike in the Dark."

270. "Syria 'Had Covert Nuclear Scheme.'"

271. Larry Derfner, "Israel Takes a Swipe at Syria," *U.S. News and World Report*, (October 1, 2007, p. 36.

272. Follath and Stark, "Story of 'Operation Orchard.'"

273. Ibid.

274. Gartenstein-Ross and Goodman, "Attack on Syria's al-Kibar Nuclear Facility."

275. Follath and Stark, "Story of 'Operation Orchard.'"

276. Hersh, "Strike in the Dark."

277. *The 9/11 Commission Report: Final Report of the National Commission on Terrorist Attacks upon the United States* (Washington, DC: U.S. Government Printing Office, 2004), 172, http://govinfo.library.unt.edu/911/report/911Report.pdf.

278. Gaetano Joe Ilardi, "The 9/11 Attacks: A Study of Al Qaeda's Use of Intelligence and Counterintelligence," *Studies in Conflict and Terrorism* 32 (2009): 171.

279. *9/11 Commission Report*, 341.

280. Ryan Thornton, "Changing the Game: Assessing Al Qaeda's Terrorist Strategy," *Harvard International Review* 27 (Fall 2005): 37.

281. Steve Jones, "US Foreign Policy After 9/11: Obvious Changes, Subtle Similarities," *ThoughtCo.*, April 17, 2018, http://usforeignpolicy.about.com/od/defense/a/Us-Foreign-Policy-After-9-11.htm.

282. Gallya Lahav, "Mobility and Border Security: The U.S. Aviation System, the State, and the Rise of Public-Private Partnerships," in *Politics at the Airport*, ed. Mark Salter (Minneapolis: University of Minnesota Press, 2008), 79.

283. Assaf Moghadam, "How Al Qaeda Innovates," *Security Studies* 22 (2013): 466–467.

284. Charles F. Parker and Eric K. Stern, "Blindsided? September 11 and the Origins of Strategic Surprise," *Political Psychology* 23 (September 2002): 601–602.

285. *9/11 Commission Report*, 341.

286. Ilardi, "9/11 Attacks," 177.

287. James Risen, "U.S. Failed to Act on Warnings in '98 of a Plane Attack," *New York Times*, September 19, 2002, p. 1.

288. Richard H. Shultz Jr. and Ruth Margolies Beitler, "Tactical Deception and Strategic Surprise in Al-Qai'da's Operations," *Middle East Review of International Affairs* 8 (June 2004): 57.

289. Ilardi, "9/11 Attacks," 179.

290. Shultz and Beitler, "Tactical Deception and Strategic Surprise in Al-Qai'da's Operations," 70, 71.

291. Ibid., 59.

292. Charles E. Parker and Eric K. Stern, "Bolt from the Blue or Avoidable Failure? Revisiting September 11 and the Origins of Strategic Surprise," *Foreign Policy Analysis* 1 (November 2005): 614.

293. Shultz and Beitler, "Tactical Deception and Strategic Surprise in Al-Qai'da's Operations," 58.

294. *9/11 Commission Report*, 345.

295. Daniel Byman, "Strategic Surprise and the September 11 Attacks," *Annual Review of Political Science* 8 (2005): 151.

296. Shultz and Beitler, "Tactical Deception and Strategic Surprise in Al-Qai'da's Operations," 56.

297. Jarret M. Brachman, "High-Tech Terror: Al-Qaeda's Use of New Technology," *Fletcher Forum of World Affairs* 30 (Summer 2006): 149, 151.

298. Ibid., 151, 153.

299. Ibid., 153.

300. Ibid., 156.

301. Parker and Stern, "Blindsided?," 606.

302. Ibid., 607.

303. *9/11 Commission Report*, 213.

304. Ibid., 340.

305. Gerald Posner, *Why America Slept: The Failure to Prevent 9/11* (New York: Random House, 2003), 3.

306. Parker and Stern, "Blindsided?," 607.

307. Posner, *Why America Slept*, 147.

308. *9/11 Commission Report*, 342–343.

309. Posner, *Why America Slept*, 153.

310. *9/11 Commission Report*, 341.

311. Ilardi, "9/11 Attacks," 182.

312. Byman, "Strategic Surprise and the September 11 Attacks," 165–166.

313. Dan Caldwell and Robert E. Williams Jr., *Seeking Security in an Insecure World* (Lanham, MD: Rowman and Littlefield, 2006), 170.

314. Byman, "Strategic Surprise and the September 11 Attacks," 145.

315. Ilardi, "9/11 Attacks," 181.

316. Ibid.

317. Daniel S. Harawa, "The Post-TSA Airport: A Constitution Free Zone?" *Pepperdine Law Review* 41 (2013): 11–12.

318. Richard N. Haass, "Terrorism Concerns After Bin Laden," *Huffington Post*, May 2, 2011, https://www.huffingtonpost.com/richard-n-haass/terrorism-concerns-after

-_b_856253.html.

319. Brachman, "High-Tech Terror, 152.

320. *9/11 Commission Report*, xvi.

321. Posner, *Why America Slept*, xi.

322. Dean Schabner and Karen Travers, "Osama bin Laden Killed: 'Justice Is Done,' President Says," *ABC News*, May 1, 2011, http://abcnews.go.com/Blotter/osama-bin-laden-killed/story?id=13505703.

323. "Crowds Gather at Ground Zero, White House to Cheer bin Laden's Death," *New York Post*, May 2, 2011, https://nypost.com/2011/05/02/crowds-gather-at-ground-zero-white-house-to-cheer-bin-ladens-death.

324. Reuters, "Bin Laden Was Found at Luxurious Pakistan Compound," *CNBC*, May 2, 2011, https://www.cnbc.com/id/42854159.

325. Ed Husain, "Bin Laden as 'Martyr': A Call to Jihadists," *CNN*, May 4, 2011, http://www.cnn.com/2011/OPINION/05/02/husain.bin.laden.

326. *9/11 Commission Report*, 170.

327. Parker and Stern, "Bolt from the Blue or Avoidable Failure?," 323.

328. "US 'Losing Media War to al-Qaeda,'" *BBC News*, February 17, 2006, http://news.bbc.co.uk/2/hi/americas/4725992.stm.

329. Dave Johns, "The Crimes of Saddam Hussein: 1990; The Invasion of Kuwait," *PBS*, January 24, 2006, http://www.pbs.org/frontlineworld/stories/iraq501/events_kuwait.html.

330. Ibid.

331. Christopher Greenwood, "New World Order or Old? The Invasion of Kuwait and the Rule of Law," *Modern Law Review* 55 (March 1992): 154.

332. Joe Stork and Ann M. Lesch, "Background to the Crisis: Why War?" *Middle East Report*, no. 167 (1990): 11.

333. William J. Perry, "Desert Storm and Deterrence," *Foreign Affairs* 70 (Fall 1991): 66–82.

334. Eliot A. Cohen, "A Revolution in Warfare," *Foreign Affairs* 75 (March–April 1996): 30–40.

335. Michael Wines, "The Iraqi Invasion: U.S. Says Bush Was Surprised by the Iraqi Strike," *New York Times*, August 5, 1990, http://www.nytimes.com/1990/08/05/world/the-iraqi-invasion-us-says-bush-was-surprised-by-the-iraqi-strike.html.

336. Musallam Ali Musallah, *The Iraqi Invasion of Kuwait* (London: British Academic Press, 1996), 4.

337. Association for Diplomatic Studies and Training, "A Day of Mixed Messages over Iraq's Invasion of Kuwait," May 4, 2017, http://adst.org/2017/05/day-mixed

-messages-iraqs-invasion-kuwait/.

338. Duelfer and Dyson, "Chronic Misperception and International Conflict," 86.

339. Ibid., 85–86; Efraim Karsh and Inari Rautsi, *Saddam Hussein: A Political Biography* (New York: Free Press, 1991), 216; George H. W. Bush and Brent Scowcroft, *A World Transformed* (New York: Knopf, 1998), 311.

340. Strauss, "Attacking Iraq," 15.

341. Stork and Lesch, "Background to the Crisis," 18.

342. Charles E. Allen, "Warning and Iraq's Invasion of Kuwait: A Retrospective Look," *Defense Intelligence Journal* 7 (1998): 37–38.

343. Wines, "Iraqi Invasion."

344. Ibid.

345. Kevin M. Woods and Mark E. Stout, "Saddam's Perceptions and Misperceptions: The Case of Desert Storm," *Journal of Strategic Studies* 33 (2010): 7–9; Wines, "Iraqi Invasion."

346. Allen, "Warning and Iraq's Invasion of Kuwait," 37–38.

347. Wines, "Iraqi Invasion."

348. J. E. McReynolds, "Kuwait Helpless Against Iraq, Analyst Says," *NewsOK*, August 3, 1990, http://newsok.com/article/2326074.

349. "Iraq Invades Kuwait," *BBC News*, August 2, 1990, http://news.bbc.co.uk/onthisday/hi/dates/stories/august/2/newsid_2526000/2526937.stm.

350. Thomas C. Hayes, "Confrontation in the Gulf: The Oilfield Lying Below the Iraq-Kuwait Dispute," *New York Times*, September 3, 1990, http://www.nytimes.com/1990/09/03/world/confrontation-in-the-gulf-the-oilfield-lying-below-the-iraq-kuwait-dispute.html.

351. Stork and Lesch, "Background to the Crisis," 18.

352. Ibid., 12.

353. Hayes, "Confrontation in the Gulf."

354. Stork and Lesch, "Background to the Crisis," 11.

355. Hayes, "Confrontation in the Gulf."

356. Stork and Lesch, "Background to the Crisis," 18.

357. Johns, "Crimes of Saddam Hussein."

358. See, for example, ibid.

359. Ibid.

360. Hamdi A. Hassan, *The Iraqi Invasion of Kuwait* (London: Pluto, 1999), 4.

361. Woods and Stout, "Saddam's Perceptions and Misperceptions," 6.

362. Johns, "Crimes of Saddam Hussein."

363. Greenwood, "New World Order or Old?," 178.

364. Ibid., 153.

365. Jerry M. Long, *Saddam's War of Words* (Austin: University of Texas Press, 2004), 24.

366. "Iraq Invades Kuwait."

367. Johns, "Crimes of Saddam Hussein."

368. Ibrahim Al-Marashi, "Saddam's Security Apparatus During the Invasion of Kuwait and the Kuwaiti Resistance," *Journal of Intelligence History* 3 (Winter 2003): 61.

369. Duelfer and Dyson, "Chronic Misperception and International Conflict," 92–93.

370. Strauss, "Attacking Iraq," 15.

371. Stork and Lesch, "Background to the Crisis," 18.

第四章 新兴案例模式

1. Jon Latimer, *Deception in War* (New York: Overlook, 2001), 129.

2. Yaacov Y. I. Vertzberger, *The World in Their Minds: Information Processing, Cognition, and Perception in Foreign Policy Decisionmaking* (Stanford, CA: Stanford University Press, 1990), 17.

3. Lani Kass and J. Phillip London, "Surprise, Deception, Denial and Warning: Strategic Imperatives," *Orbis* 57 (Winter 2013): 67.

第五章 全球数据冲击管控

1. Ephraim Kam, *Surprise Attack: The Victim's Perspective* (Cambridge, MA: Harvard University Press, 1988), 53.

2. Richards J. Heuer, *Psychology of Intelligence Analysis* (Washington, DC: Central Intelligence Agency Center for the Study of Intelligence, 1999), 6.

3. Cynthia M. Grabo, *Anticipating Surprise: Analysis for Strategic Warning* (Bethesda, MD: Center for Strategic Intelligence Research at the Joint Military Intelligence College, 2002), 133.

4. James Gleick, *The Information: A History, a Theory, a Flood* (New York: Pantheon, 2011), 403.

5. "Too Much Information: How to Cope with Data Overload," *The Economist*, June 30, 2011, http://www.economist.com/node/18895468

6. Gleick, *Information*, 409, 410.

7. "Too Much Information."

8. Ibid.

9. Ibid.

10. Heuer, *Psychology of Intelligence Analysis*, 175.

11. Michael Webb, *Creating a New Reality: Information Age Effects on the Deception Process* (Maxwell Air Force Base, Alabama: Air University School of Advanced Air and Space Studies, 2006), 1.

12. Jeffrey Record, "Back to the Weinberger-Powell Doctrine?" *Strategic Studies Quarterly*, Fall 2007, p. 91.

13. Richard H. Shultz Jr. and Ruth Margolies Beitler, "Tactical Deception and Strategic Surprise in Al-Qai'da's Operations," *Middle East Review of International Affairs* 8 (June 2004): 61.

14. M. R. D. Foot, "Conditions Making for Success and Failure of Denial and Deception: Democratic Regimes," in *Strategic Denial and Deception: The Twenty-First Century Challenge*, ed. Roy Godson and James J. Wirtz (New Brunswick, NJ: Transaction, 2002) 122.

15. Jakub Grygiel, "The Return of Europe's Nation-States: The Upside to the EU's Crisis," *Foreign Affairs* 95 (2016): 95.

16. Lani Kass and J. Phillip London, "Surprise, Deception, Denial and Warning: Strategic Imperatives," *Orbis* 57 (Winter 2013): 67.

17. Grabo, *Anticipating Surprise*, 45–46.

18. Michael I. Handel, "Intelligence and the Problem of Strategic Surprise," *Journal of Strategic Studies* 7 (1984): 239.

19. Grabo, *Anticipating Surprise*, 135.

20. Ibid., 21.

21. Kass and London, "Surprise, Deception, Denial and Warning," 76-77.

22. Yaacov Y. I. Vertzberger, *The World in Their Minds: Information Processing, Cognition, and Perception in Foreign Policy Decisionmaking* (Stanford, CA: Stanford University Press, 1990), 357.

23. Ibid., 360.

24. Grabo, *Anticipating Surprise*, 130.

25. Ibid., 131.

26. *The 9/11 Commission Report: Final Report of the National Commission on Terrorist Attacks upon the United States* (Washington, DC: U.S. Government Printing Office, 2004), 388.

27. Assaf Moghadam, "How Al Qaeda Innovates," *Security Studies* 22 (2013): 467.

28. Grabo, *Anticipating Surprise*, 129–130.

29. Roy Godson and James J. Wirtz, "Strategic Denial and Deception," *International Journal of Intelligence and CounterIntelligence* 13 (2000): 425–426.

30. Timothy J. Smith, "Overlord/Bodyguard: Intelligence Failure Through Adversary Deception," *International Journal of Intelligence and CounterIntelligence* 27 (2014): 555.

31. Godson and Wirtz, "Strategic Denial and Deception," 425–426.

32. Shultz and Beitler, "Tactical Deception and Strategic Surprise," 61.

33. Bruce Schneier, *Beyond Fear: Thinking Sensibly About Security in an Uncertain World* (New York: Copernicus, 2003), 215.

34. Smith, "Overlord/Bodyguard," 555.

35. Shultz and Beitler, "Tactical Deception and Strategic Surprise," 62.

36. Robert Mandel, *Optimizing Cyberdeterrence: A Comprehensive Strategy for Preventing Foreign Cyberattacks* (Washington, DC: Georgetown University Press, 2017), 203.

37. Gerald Sussman, *Communication, Technology, and Politics in the Information Age* (Thousand Oaks, CA: Sage, 1997), 264.

38. Godson and Wirtz, "Strategic Denial and Deception," 425–426.

39. Ibid.

40. Kass and London, "Surprise, Deception, Denial and Warning," 67.

41. Michael I. Handel, "Intelligence and Deception," in *Military Deception and Strategic Surprise*, ed. John Gooch and Amos Perlmutter (Totawa, NJ: Cass, 1982) 137.

42. Kass and London, "Surprise, Deception, Denial and Warning," 66.

43. Godson and Wirtz, "Strategic Denial and Deception," 431.

44. Brian Michael Jenkins, *Unconquerable Nation: Knowing Our Enemy, Strengthening Ourselves* (Santa Monica, CA: Rand, 2006), 53.

45. Godson and Wirtz, "Strategic Denial and Deception," 431.

46. Kass and London, "Surprise, Deception, Denial and Warning," 67.

47. Godson and Wirtz, "Strategic Denial and Deception," 431.

48. Grabo, *Anticipating Surprise*, 155.

49. Charles A. Duelfer and Stephen Benedict Dyson, "Chronic Misperception and International Conflict: The U.S.-Iraq Experience," *International Security* 36 (Summer 2011): 76.

50. Jamie Holmes, *Nonsense: The Power of Not Knowing* (New York: Crown, 2015), 10, 14.

51. Heuer, *Psychology of Intelligence Analysis*, 66.

52. Holmes, *Nonsense: The Power of Not Knowing*, 9–14.

53. Daniel J. Levitin, *The Organized Mind: Thinking Straight in the Age of Information Overload* (New York: Penguin, 2014), 383.

54. Joint Chiefs of Staff, "Military Deception," Joint Publication 3-13.4, July 13, 2006, p. A-1.

55. Holmes, *Nonsense: The Power of Not Knowing*, 15.

56. Shultz and Beitler, "Tactical Deception and Strategic Surprise," 61.

57. Gaetano Joe Ilardi, "The 9/11 Attacks: A Study of Al Qaeda's Use of Intelligence

and Counterintelligence," *Studies in Conflict and Terrorism* 32 (2009): 179.

58. See Robert Mandel, *Coercing Compliance: State-Initiated Brute Force in Today's World* (Stanford, CA: Stanford University Press, 2015), 6–9.

59. Foot, "Conditions Making for Success and Failure," 117.

60. Daniel Byman, "Strategic Surprise and the September 11 Attacks," *Annual Review of Political Science* 8 (2005): 150.

61. Richard K. Betts, *Surprise Attack: Lessons for Defense Planning* (Washington, DC: Brookings Institution, 1982), 285, 295, 309–310.

62. Grabo, *Anticipating Surprise*, 129.

63. John Hollister Hedley, "The Challenges of Intelligence Analysis," in *Strategic Intelligence I: Understanding the Hidden Side of Government*, ed. Loch K. Johnson (Westport, CT: Praeger Security International, 2007), 124.

64. Heuer, *Psychology of Intelligence Analysis*, 74.

65. Charles F. Parker and Eric K. Stern, "Blindsided? September 11 and the Origins of Strategic Surprise," *Political Psychology* 23 (September 2002): 624.

66. Handel, "Intelligence and the Problem of Strategic Surprise," 245.

67. See Betts, *Surprise Attack*.

68. Thomas Quiggin, *Seeing the Invisible: National Security Intelligence in an Uncertain Age* (Singapore: World Scientific, 2007), 55.

69. *9/11 Commission Report*, 346.

70. Jack Davis, *Strategic Warning: If Surprise Is Inevitable, What Role for Analysis?* (Washington, DC: Central Intelligence Agency Sherman Kent Center, 2003), 6–16.

71. Kelvin Fu Wen Hao, "Globalisation and Its Impact on Military Intelligence," *Pointer: Journal of the Singapore Armed Forces* 41 (2015): 4.

72. *9/11 Commission Report*, 347–348.

73. Parker and Stern, "Blindsided?," 624.

74. *9/11 Commission Report*, 406.

75. Moghadam, "How Al Qaeda Innovates," 467.

76. Parker and Stern, "Blindsided?," 622.

77. Janne E. Nolan and Douglas MacEachin, *Discourse, Dissent, and Strategic Surprise: Formulating U.S. Security Policy in an Age of Uncertainty* (Washington, DC: Georgetown University Institute for the Study of Diplomacy, 2006), 109–110.

78. Heuer, *Psychology of Intelligence Analysis*, 76.

结　论

1. Lani Kass and J. Phillip London, "Surprise, Deception, Denial and Warning: Strategic Imperatives," *Orbis* 57 (Winter 2013): 81.

2. See Andrew M. Scott, *The Revolution in Statecraft: Informal Penetration* (New York: Random House, 1965).

3. Joint Chiefs of Staff, "Military Deception," Joint Publication 3-13.4, July 13, 2006, p. III-8.

4. Robert Jervis, *The Logic of Images in International Relations* (New York: Columbia University Press, 1989), 43, 63.

5. Yaacov Y. I. Vertzberger, *The World in Their Minds: Information Processing, Cognition, and Perception in Foreign Policy Decisionmaking* (Stanford, CA: Stanford University Press, 1990), 27.

6. Bernard I. Finel and Kristin M. Lord, "The Surprising Logic of Transparency," *International Studies Quarterly* 43 (June 1999): 316, 317, 320, 335.

7. Tyler Cowen, "How Real News Is Worse Than Fake News," *Bloomberg*, September 5, 2018, https://www.bloomberg.com/view/articles/2018-09-05/how-real-news-is-worse-than-fake-news; Finel and Lord, "The Surprising Logic of Transparency," 320, 335.

8. William J. Broad, "U.S. Rethinks Strategy for the Unthinkable," *New York Times*, December 15, 2010, http://www.nytimes.com/2010/12/16/science/16terror.html.

9. Quentin Hardy, "Why Big Data Is Not Truth," *New York Times*, June 1, 2013, http://bits.blogs.nytimes.com/2013/06/01/why-big-data-is-not-truth/.

10. Anthony Oettinger, "Information Overload: Managing Intelligence Technologies," *Harvard International Review*, September 6, 2002, http://hir.harvard.edu/article/?a=1061.

11. Anthony G. Oettinger, "Whence and Whither Intelligence, Command and Control? The Certainty of Uncertainty," Harvard University Program on Information Resources Policy, February 1990, p. 5, http://www.pirp.harvard.edu/pubs_pdf/oetting/oetting-p90-1.pdf.

12. Drew Conway, "Data Science in the U.S. Intelligence Community," *IQT Quarterly* 2 (Spring 2011): 27.

13. Vertzberger, *World in Their Minds*, 26–27. See also Kelvin Fu Wen Hao, "Globalisation and Its Impact on Military Intelligence," *Pointer: Journal of the Singapore Armed Forces* 41 (2015): 1; and Daniel S. Gressang IV, "The Shortest Distance Between Two Points Lies in Rethinking the Question: Intelligence and the Information Age Technology Challenge," in *Strategic Intelligence: Understanding the Hidden Side of Government*, ed. Loch K. Johnson (Westport, CT: Praeger Security International, 2007), 132.

14. Bill Kovach and Tom Rosenstiel, *Blur: How to Know What's True in the Age of Information Overload* (Bloomsbury, NJ: Bloomsbury USA, 2011), 7, 201.

图书在版编目（CIP）数据

全球数据冲击：信息过载时代的战略模糊、欺骗与意外 /（美）罗伯特·曼德尔著；黄欣荣，张魏欣译. —北京：中国工人出版社，2023.5
书名原文：*Global Data Shock: Strategic Ambiguity, Deception, and Surprise in an Age of Information Overload*
ISBN 978-7-5008-7871-1

Ⅰ.①全… Ⅱ.①罗… ②黄… ③张… Ⅲ.①信息管理—研究 Ⅳ.①G203

中国国家版本馆CIP数据核字（2023）第068749号

著作权合同登记号：图字01-2021-1537

全球数据冲击：信息过载时代的战略模糊、欺骗与意外

出 版 人	董　宽
责任编辑	孟　阳
责任校对	张　彦
责任印制	栾征宇
出版发行	中国工人出版社
地　　址	北京市东城区鼓楼外大街45号 邮编：100120
网　　址	http://www.wp-china.com
电　　话	（010）62005043（总编室）
	（010）62005039（印制管理中心）
	（010）82027810（职工教育分社）
发行热线	（010）82029051　62383056
经　　销	各地书店
印　　刷	北京美图印务有限公司
开　　本	710毫米×1000毫米　1/16
印　　张	13.75
字　　数	196千字
版　　次	2023年5月第1版　2023年5月第1次印刷
定　　价	58.00元